中山大学中国语言文学系百年系庆丛书
中山大学中国语言文学系　编

正青春

——优秀中文学子风采录

王　琤　谢金华　主编
郑　飞　吴昊琳　副主编

· 广州 ·

图书在版编目（CIP）数据

正青春：优秀中文学子风采录 / 王琤，谢金华主编；郑飞，吴昊琳副主编. -- 广州：中山大学出版社，2024.10. --（中山大学中国语言文学系百年系庆丛书）.
ISBN 978-7-306-08218-3

Ⅰ. K820.7

中国国家版本馆 CIP 数据核字第 202402B6Y2 号

ZHENG QINGCHUN——YOUXIU ZHONGWEN XUEZI FENGCAI LU

出 版 人：王天琪
策划编辑：魏　维
责任编辑：魏　维
封面设计：曾　斌
责任校对：陈　莹
责任技编：靳晓虹
出版发行：中山大学出版社
电　　话：编辑部 020-84111946，84110283，84113349
　　　　　发行部 020-84111998，84111981，84111160
地　　址：广州市新港西路 135 号
邮　　编：510275　　传　　真：020-84036565
网　　址：http://www.zsup.com.cn　E-mail:zdcbs@mail.sysu.edu.cn
印 刷 者：恒美印务（广州）有限公司
规　　格：787 mm × 1092 mm　1/16　12 印张　222 千字
版次印次：2024 年 10 月第 1 版　2024 年 10 月第 1 次印刷
定　　价：68.00 元

谨以此书献给中山大学一百周年华诞

（1924 — 2024）

中山大学中国语言文学系百年系庆丛书

中山大学中国语言文学系百年系庆丛书

总序

从1924年孙中山先生创立国立广东大学（后先后易名“国立中山大学”“中山大学”）至今，已风雨兼程走过了波澜壮阔的一百年。这一百年，中山大学与人类文明和国家发展同呼吸、共命运，见证了世纪风云，也成就了自己在世界高等教育史上的重要地位。中国语言文学系与中山大学同龄，百年中文与百年中大，相向而行，彼此辉映，共同成长。或许可以这样说，在中国的一流综合性大学中，如果没有一流的中文系，至少是不完整的。因为设立中文系不仅是建设中文学科的需要，更是任何一所大学建设自身文化所依托和支撑的主要基础。一所有理想与信仰的大学，除了埋首搞科研，还得抬头看星辰。在埋首与抬头之间，极目千里，完成大学立德树人的根本任务。

一个大学的百年，意味着一种深厚的学术文化积淀，意味着名师大家的代代相传，意味着优秀人才的层出不穷，也意味着学科专业的不断发展和壮大。百年是一个大学重要的发展契机，如何在回顾历史中沉淀宝贵的资源，在展望未来中激发充足的活力，就是一个院系理当思考的重要问题。正是本着这样的目的，我们组织编写了这套“中山大学中国语言文学系百年系庆丛书”，以期鉴往知今，行稳致远。这套丛书共六种：

《中山大学中国语言文学百年学科史》（彭玉平、王琤主编）

《中山大学中国语言文学系百年论文选》（文学卷）（彭玉平、张均主编）

《中山大学中国语言文学系百年论文选》（语言文字卷）（彭玉平、范常喜主编）

《中山大学中国语言文学系名师记》（彭玉平、罗成主编）

《从未远走的青春——校友回忆录》（王琤、谢金华主编；郑飞、吴昊琳

副主编）

《正青春——优秀中文学子风采录》（王琤、谢金华主编；郑飞、吴昊琳副主编）

这六种书大体承载着百年中文的光荣和曾经的梦想。《中山大学中国语言文学百年学科史》是对过往百年若干二级学科以及属下有影响的三级学科的历史梳理与特色总结。在中文学科，此间的古文字学、戏曲学、词学、文体学等堪称名闻遐迩，而中国文学批评史学科更发轫于此，在一定程度上引领了此后批评史学科的发展。一个一级学科，如果能有四五个学术亮点，成为国内外关注的焦点，则其影响和传承也就自然形成。而国内最早的语言学系在这里开设，也足见此间学科开拓的实力与魄力。梳理百年学科发展历史，有的代有传承，格局大张；有的后出转精，新人耳目。当然也有肇端甚好，中间却稍有停留的现象。如鲁迅 1927 年来此任教，打开了新文学的局面，但随着八个月后他北上上海，此间新文学的热情便不免一时黯淡了下来。但无论属于哪一种情况，只要在百年学科史上留有雪泥鸿爪，便是值得书写的一页。

百年学科发展，当然要以科研为主干。作为“中国语言文学系”，文学与语言构成学科的两个基本板块。而百年之中，名师大家前后相继，蔚成一脉，将他们的重要论文汇为一编，既可见学术格局与学术源流，也可见学人风采与整体气象。这就是编选《中山大学中国语言文学系百年论文选》“文学卷”与“语言文字卷”的原因。因为百年人物众多，论文更是繁富，此二卷只是就具有一定开拓性与影响力的文章，择录若干汇集成编。因为篇幅所限，有些老师的大作未能入选，有些虽然入选，但也可能非本人最为认同之文章。大约他人选编与自己选编，眼界虽或有重合，而差异也应该是绝对的。好在我们这两卷论文选，只是带有纪念性质，并非截然以此作为此间百年学术研究之标杆，这是需要特别说明的。

在百年中文历史上，中国语言文学系先后出现过不少名师大家，他们构成了中国语言文学学科的脊梁。一个学科的影响力，在很大程度上依赖于耕耘在这个学科的著名学者的研究高度与群体力量。这些在百年间熠熠生辉的名师群像，他们的学术思想与学术成果有待专门的研究，而他们在课堂内外的人格力量，在语言行为上的迷人风采，同样是这个学科富有生机的一部分。这是我们编纂《中山大学中国语言文学系名师记》的原因所在。所谓名师记，并非对某一名师作全面通透的学术评价，而是在与学术、教学若即若离之间展现出来的人格光辉和感人故事。这些故事或许是很个人化的，但因为真实而切近，而具备特殊的魅力。如果说，两种论文选略见学者之专攻，名师记则以生活剪影的方式生动记录老师们的一言一行。两种生活，两种风采，彼此堪称相得益彰。

立德树人是大学永恒的使命与责任，或者说，衡量一所大学的办学质量，是否能不断锻造学生健全而向上的精神人格、端正而从容的人生态度，就是一项非常重要的指标。名师大家的学术水平，从本质上来说，要落实到人才培养的层面，也才具有更为深广高远的意义。而所谓立德树人，并非以功成名就为主要指标，在平凡中坚守，在困境中不屈，在优裕中不沉沦，在高名中不忘形，关怀历史、民族、国家和未来，敬畏天地、自然、山川与万物，这就是大写的人。这是我们编辑《从未远走的青春——校友回忆录》《正青春——优秀中文学子风采录》二书的初衷所在。前者记录已经毕业学生的青春时光，后者记录当下在读学生的生活点滴。其实“从未远走的青春”便是“正青春”，现在每有校友回来，一句频率很高的话语就是“归来仍是少年”，说的就是青春情怀在离开校园后，依然珍藏如初的意思。其实，学生毕业后走向社会，经受的考验远非“少年”两字可以形容，其中之艰辛、苦涩甚至屈辱，恐怕也在所难免。但无论面对怎样的情况，社会人更多的只能是自行承受与自我解脱。两相对勘，大学生活之简单就更容易成为一种珍贵的记忆。这也许可以看作是校友回校最简单也是最重要的动力。因为无论面对怎样的世界，简单总是永恒的追求。

但我们在编完这套丛书之后，深深感到，希望以六种书来串联百年中文历史的想法，还是过于朴素了，因为历史远比我们接触到的、感受到的和想象到的丰富。不遑说历史的维度本身就十分繁复，即在同一维度中，变化也十分多端。这是我们虽然试图走近历史，却也一直心存敬畏的原因所在。但既躬逢百年系庆，我们也理当放下包袱，竭尽全力，为这百年的光荣与梦想奉献一点力量。也许在下一个百年结束之时，回看这一百年留下的历史痕迹与点滴记忆，则每一种书卷，每一个页码，每一个字迹，也许都包含着异常丰富的情感密码。诚如此，我们的努力，一切都是值得的。感谢过往一百年的峥嵘岁月，致敬每一个中大中文人。

彭玉平

2024 年 9 月 23 日

▲中国语言文学系团委 2024—2025 届成员合影

▲中国语言文学系第 49 届学生会全员培训大会暨破冰活动留影

▲中国语言文学系 2023—2024 届研究生会成员合影

▲中国语言文学系新闻中心 2024—2025 届成员合影

目录

序

大学的根本任务是立德树人，也就是培养学生。百年中文，最值得自豪的是有一大批名师曾在此任教，并培养了一大批优秀的学生。

作为国内中文学科的重镇，一百年来，中山大学中文系一直致力于培养基本功底扎实全面，具备国际化理论视野，以中国语言文学为核心的中华优秀文化的研究者、传承者和弘扬者。在此理念下，中文系的人才培养形成了独特的模式和传统。20 世纪 80 年代中期开始实施的“百篇”写作强化训练，既是中文系学子必须翻越的“大山”，也是他们终身难忘的宝贵财富。进入新时代，中文系的“汉语言文学”专业与“汉语言”专业先后入选国家级一流本科专业建设点，同时“汉语言文学（古文字学方向）”专业入选教育部强基计划、“汉语言文学”专业入选教育部基础学科拔尖学生培养计划 2.0。本硕博一体的培养模式和覆盖中文学科所有二级方向的强大师资队伍也给了同学们足够的选择和发展空间。近年来，中文系的高考录取分数线常常居于全校文科专业之首，毕业的学生也在各行各业广受好评。

在中山大学中文系的育人传统中，传授知识只是其一，除此之外，老师们经常强调“优秀的学生”当有更朴素的价值判断和生活追求。在前不久举行的 1990 级校友毕业三十周年返校活动中，彭玉平主任对校友们说：“人生不以成败论英雄，把‘人’字写端正了，无愧于自己，就已经是成功。”潘智彪老师也提及自己当年常对同学们说：“要时刻铭记‘慢慢走，欣赏’，要‘enjoy life’（享受生活）。”这是老师对学生爱护之情的体现，也是对学生的祝福。

为了迎接百年系庆，我们编写了这本《正青春——优秀中文学子风采录》，作为“中山大学中国语言文学系百年系庆丛书”之一。本书主要收录“中山大学中文系”微信公众号“青衿之志”栏目的文章以及“非遗学科共同体”微信公众号“非遗学子”栏目的文章，此外，还有若干篇优秀在校学生的事迹介绍。全书共收录文章五十篇，呈现了中文系学生在读书治学、社会实践、学生工作、文体活动等多方面的探索与成果，展现了当代中文学子的精神风貌和青春风采。

“恰同学少年，风华正茂”。我在课堂上经常对同学们说，当代大学生是具有特殊且光荣使命的一代。到21世纪中叶，中国要建成社会主义现代化强国，要实现中华民族伟大复兴，而当代大学生届时正处于人生的黄金年龄，正是建设国家的主力军。在中山大学和中文系踏上新的百年征程之际，希望这本《正青春——优秀中文学子风采录》能发挥朋辈榜样的示范引领作用，激发同学们不负韶华、勇于担当的热情，弘扬爱校、荣校、兴校精神，以青春之我，创造青春之未来，为祖国的繁荣富强和社会的发展进步贡献自己最大的力量。

王　琤

2024年10月15日

在服务实践中书写青春篇章

个人简介

吴霖霖　女，汉族，2002年9月生，福建泉州人，中共党员，中山大学中国语言文学系汉语言文学专业2020级本科生。曾任中华全国学生联合会驻会执行主席，曾为中山大学学生会主席团成员、中国语言文学系学生会主席团成员，曾任中山大学学生会团支部书记、班级团支部书记、校学生会综合事务部负责人。两次获评中山大学优秀共青团员，2022年获评“中山大学优秀学生会骨干”，2023年获评“广东省优秀学生骨干”。曾作为学生代表参加世界青年发展论坛、中华全国学生联合会第二十七届委员会第二次全体会议、广东省学生联合会第十二届主席团第三次全体（扩大）会议。目前于北京大学马克思主义学院攻读硕士研究生学位。

一、在学联阵地上服务更多同学

2021 年 11 月，吴霖霖第一次参加校级学生代表大会，当时的她作为中国语言文学系（下简称“中文系”）学生会主席团成员协助大会工作。那一年，吴霖霖参与筹办中文系承办的校园歌手大赛南校园初赛、复赛，让康乐园里响起了青春的声音；参与开展中华传统文化节，和同学们共同感受游园会的纸墨情长，为同学服务的初心由此种下。

第二年，吴霖霖作为候选人站上了梁銶琚堂的演讲台，参加中山大学第 48 届学生会主席团竞选。吴霖霖回忆道，“当时的我讲述了和学生会、学生组织从初中起长达八年的青春故事，立下了做好联系、服务同学工作的决心”。2023 年是吴霖霖参与服务同学工作的第九年，也是她第三次参加学生代表大会，“我对自己有了继续深耕服务同学的热土地的期许”，吴霖霖如是说。

如今，吴霖霖担任中华全国学生联合会（下简称“全国学联”）驻会执行主席，立志在学联阵地上服务更多同学。她参与全国高校学生会组织的“我为同学做实事”项目交流展示活动，推动服务同学工作落细落实，努力发出新时代学联、学生会骨干的好声音。

对吴霖霖来说，服务同学已经成为一种行动的习惯、一种朴素的快乐，学联、学生会也成为她一直热爱并将为之持续奋斗的事业。

二、从汉语言文学到马克思主义理论

在专业课程的学习上，吴霖霖从未懈怠。她曾三次获得中山大学优秀学生奖学金，也多次参与科研项目。

在本科学习期间，吴霖霖在专业学习的过程中关注到马克思主义同中华优秀传统文化相结合的议题，由此萌生发挥跨学科优势的想法。而 2023 年中山大学广东青年大学生“百千万工程”突击队行动的实践活动，又使参与其中的吴霖霖再次坚定了学习马克思主义理论的信念。

在全国学联工作期间，吴霖霖作为负责人联系福建、江苏、海南、广西等多个省份，深入清华大学、北京大学等多所高校开展调研访谈，为做好青年思想政治引领、做好青年群体范围内的马克思主义理论传播贡献青春智慧。

丰富的学习和工作经历使吴霖霖在多维探索中明确了方向。

2023年秋天，她接受了北京大学马克思主义学院（下简称“马院”）的推免计划，之后三年，她将在马克思主义中国化领域学习深造。

兼具中文人、准马院人、学联和学生会骨干三重身份，吴霖霖希望未来能继续发挥跨学科优势，践行全心全意服务同学的宗旨，为马克思主义理论的传播和研究，特别是在青年领域内的传播贡献力量，团结带领身边同学努力成长为有理想、敢担当、能吃苦、肯奋斗的新时代好青年。

本文2024年3月2日发表于“中山大学中文系”微信公众号

点亮他人，成就自我

个人简介

张琢琪　女，汉族，1998年7月生，山东济宁人，中共党员，中山大学中文系汉语言文学专业2016级本科生，中国现当代文学专业2020级硕士研究生，目前于本系本专业攻读博士研究生学位。曾任中文系2020级学术型硕士班长、本科生党支部书记，曾获"2021年中山大学优秀共产党员"称号和中山大学研究生一等奖助金等。

一、积极加入组织，感受榜样力量

张琢琪在本科期间积极向党组织靠拢。加入本科生党支部之后，她很快感受到了榜样的力量。她回忆道，“每次开会，支部书记都是最早来、最晚走。面对繁重的学业和烦琐的支部工作，我从来没有听到过师兄师姐们抱怨喊累，也从来没见过他们推托偷懒；相反，当我有需要寻求他们帮助的时候，他们总是耐心相助”。在张琢琪成长和承担支委工作的过程中，榜样的力量一次又一次照亮了她前行的道路，这让她也想要传播光和热。

于是，当支委人手不足时，已经是一名研究生的张琢琪自然就想起师兄师姐曾经的样子。

“既然经验和能力被肯定，就应该责无旁贷留任支部，帮助更多的党员同志，让支部发展得越来越好。”因此，自2021年10月份起，张琢琪始终坚守在本科生党支部需要的岗位上，如今，已发光发热近三年：任党支部副书记两年，任党支部书记近一年。

二、在“工作”中展现青年担当

对张琢琪而言，努力做好党支部工作的动力与其说是责任感，不如说是一种将心比心。本科生党支部总是将“我为群众办实事”和“我为青年做件事”并提。看着和自己仅有三四岁年龄差的本科同学，张琢琪经常会想起本科阶段的自己。

“看到他们为升学、就业焦虑，就会想起自己当时的迷茫；在他们需要开具证明材料的时候，就会想起自己当时的焦心；当他们问及许多关于流程和规则的问题的时候，就会想起自己刚刚参与党支部工作时同样的陌生感。这样一来，我自然会再耐心一点、说得再清楚一些。”张琢琪解释道。

在张琢琪看来，值得学习的精神力量更多来自堪为榜样的党员群体，拿到“接力棒”后，她以他们为楷模，带着本科生党支部稳步向前。张琢琪说：“无数杰出的、催人奋进的党员先辈身上的责任感、使命感、正义感和满怀的热忱始终在闪光，能像他们一样，坚持并践行这些品行，努力向上，踏实做事，和善友爱，就能逐渐拥有点亮别人的力量。”她做到了。

三、离开内卷惯性，找到自己的道路

攻读硕士学位后，张琢琪开始更多地探索自我成长的道路。“硕士阶段是很见成长的，而这种成长不单纯是取得多高的分数，更重要的是离开了内卷的惯性，开始探索并成为真正的自己。”

关于怎么找到自己的道路，张琢琪的体会是摸索着行动，而不是干着急、空焦虑。张琢琪很早就萌生了继续深造的想法。在硕士阶段，她将主要精力放在学术上，一边根据兴趣坚持读书，一边撰写论文，研究史料。

徜徉在学海中，张琢琪幸运地拥有了“定海神针”一般的好导师——刘卫国老师，其为张琢琪提供了参加高端学术会议、撰写学术论文的机会，让她体会到只要全身心投入去做，便总有收获。

2024 年 1 月，张琢琪和刘卫国教授合作的一篇论文在《文艺理论与批评》2024 年第 1 期顺利发表。回想起这篇论文的创作过程，张琢琪特别感谢刘老师在她寻找思路时候的点拨、初稿成文时候的鼓励、修改过程中不厌其烦的指导。张琢琪说：“论文创作的过程，是我的学术旨趣被导师点亮的过程，也是我被引领着触摸学术的‘象牙塔’，逐渐成长为一名博士生的过程。”

四、向未来，路上有好景

在走向未来的过程中，张琢琪偶尔也会为外界的声音所动摇，被其他人的选择干扰，也会怀疑没有走的那条路是否会更好。如何抵抗这些干扰？如何径直地、目标明确地走向自己？张琢琪认为，摸着石头过河更接近成长本身的状态，在不懈探索中找到自己的道路，勇敢地去努力、去拼搏，未来的路上一定会遇到彩虹。

本文 2024 年 3 月 4 日发表于“中山大学中文系”微信公众号

切磋琢磨，美美与共

个人简介

陈伊其　女，汉族，2000年3月生，广东清远人，共青团员。中山大学中文系汉语国际教育专业2022级硕士研究生，2023—2024年度菲律宾雅典耀大学孔子学院国际中文教育志愿者。

马路上色彩斑斓的“吉普尼”（菲律宾的一种独特的交通工具）、晶莹的果冻海、绚烂的日落，这些美丽的自然景观构成了陈伊其对热带国家最初的色彩记忆；路边飞驰的摩托车队、车水马龙的街道、陌生路人的亲切问候是萦绕于陈伊其耳边的声音记忆。“这里有美丽的风景，有热情好客的人。菲律宾的治安条件其实比人们‘刻板印象’中的要好，热心友善的外方同事们以及和谐融洽的工作氛围更让我们在陌生的环境中感受到家一般的温暖。”陈伊其诚挚地回忆道。当然，除了各种美好的事物，她也承认还有一些不时发生的小插曲，如因语言不通造成的乌龙事件、由于火山爆发而临时放假、堵车导致十公里路程需要坐两个小时车等，但是这些都使得这段经历更充实、更独特。

一、“切磋琢磨”的教学成长

“纸上得来终觉浅，绝知此事要躬行。”作为一名零经验的新手教师，上好一堂课于陈伊其而言是一个不小的挑战。菲律宾首都马尼拉大都会区的雅典耀大学孔子学院的学生年龄差异较大，上至年迈的老人，下至小学生。孔子学院的教学大纲和课程安排条目分明、详略得当，有三等（初、中、高）十五级的综合课程供学生选择。从一开始“关注生存”阶段的仅以完成课本教学内容为目标，会被学生突如其来的问题问得手足无措，到后来逐渐开始有意识地“关注情境”“关注学生”，将理论知识灵活地运用到实践中，遇到突发状况也能更加从容地解决，教学带给陈伊其的成长不言而喻。除日常教学外，她还负责三个一对一课程，其中一名为小学三年级学生，两名为初中生。不同于班级课程，一对一课程的针对性更强，更需要教师因材施教。尽管经验有限，但她也尝试着基于学生的年龄、学段、性格特征、学习需求等个人因素安排适合他们的课程内容，课后及时根据学生反馈和课堂效果进行反思，做出适当调整，以促进教学相长。

二、“美美与共”的文化体验

陈伊其所在的孔子学院每年都会举办丰富的文化体验活动，让参与者切身体会中华文化的魅力。

赴任初期，恰逢中秋佳节，陈伊其所在的志愿者团队在儿童艺术角带着孩子们画团扇、做月饼，讲述嫦娥奔月、玉兔捣药的故事，定格了一张张可爱的笑脸，在欢声笑语中共同度过了一个愉快的中秋。不久前，孔子学院为

2023 年菲华先生菲华小姐选美大赛的选手们提供了中文课堂服务，举办了书法体验活动。“从古代儒家经典到当代交际文化，我们以专题的形式向选手们介绍中国文化，增进他们对中国文化的理解。”陈伊其如是回忆道。此外，孔子学院还举办了系列中医讲座，邀请了数位著名的中医专家，以理论和实践相结合的形式探讨中医药相关话题，致力于提高中医文化在菲律宾的传播度，为对中医感兴趣的人提供了解和学习的平台。

三、余言

“日月忽其不淹兮，春与秋其代序。”不知不觉，陈伊其前往马尼拉已经五个月了。岁末年初，虽然不乏对家人、朋友的思念，但她认为有幸能够成为国际中文教育志愿者队伍中的一员，成为外国友人了解中国的窗口，在异国他乡用中文“讲好中国故事，传播好中国声音”，成为中外文化交流互鉴的亲历者，感受“各美其美，美人之美”的魅力，是人生中无可比拟的宝贵经历。

本文 2024 年 2 月 2 日发表于“中山大学中文系”微信公众号

慢慢走，欣赏啊

个人简介

胡纯一　女，汉族，1999 年 11 月生，浙江宁波人，共青团员，中山大学中文系 2018 级本科生，中国现当代文学专业 2022 级硕士研究生。本科期间曾任校园媒体“中大青年传媒”的总编辑，曾为中文系文娱部成员。曾获中山大学优秀学生奖学金二等奖、三等奖，优秀毕业生等奖项。

今年是我在中山大学中文系的第六年，当初在高考志愿中写下“汉语言文学”这一专业时，我没有想过会在此地停留如此长的时间。我一直比较抗拒“标签”，但不得不面对和承认的是，从十八岁到二十四岁，这段堪称“大好青春”的时光里，“中文系”是我逃不脱的一个烙印。

中文系有太多优秀的同学，相较于那些已然在某一领域小有所成，并仍执着追求目标的榜样，我好像没有什么太值得称道的经验。回顾过往的日子，相较于可见的“收获”，琐碎、蹉跎、挣扎其实更多，但我仍然坚信，慢慢地走，也能走到自己“闪耀着的旅途的终点”。

一、关于论文

对于中文系的学生来说，阅读和写作是两项必备的技能，前者又是后者的必要条件。本科阶段的课程较为密集，加上系里设置的各阶段的写作任务，我得以在摸索之中稍稍掌握论文写作的一点“皮毛”。而论文写作的进步仰赖导师的悉心指导和自身的不断训练。我的导师张均是一位极其负责任的老师。我印象最深刻的是，将本科毕业论文的初稿交给他三天后，我正和朋友相约吃夜宵，张老师就把修改后的电子文档发给了我。文档中做了详尽的批注，我一边吃干炒牛河一边看“此处可删节”，颇感汗颜。张老师同时也是一位非常欢迎讨论、尊重学生意见的老师。毕业论文中有一处讨论，本来直接删减即可，我却很较真地找出各种证据加以说明，张老师也一再十分认真地同我探讨，最终保留了那一处其实“无伤大雅”的细节。正是这样反复“切磋琢磨”，我那十分稚嫩的文字终于变成一篇还算合格的文章。

硕士研究生阶段的学习则和本科大不相同。相较于盯着绩点按部就班地跟着课程要求完成任务，硕士研究生阶段的学习更要求自主性。我没有什么“自主”的决心，就放任自己自由地阅读。完成课程作业时，我也尽量选择自己不太熟悉，或此前未曾接触过的作品、问题。散漫的好处自不必说，但对我来说，如若需要抓住一个问题不断探索并持续输出，散漫便要折损这种探索和输出能力了。此后又将复归长线写作论文的生活了，如何“钻进去”，如何“跳出来”，是我必须时时反思、检省的问题。

二、关于学生工作

本科期间，我加入了中文系学生会文娱部和中大青年传媒。文娱部举办、协办了很多活动，从和其他学院联办的迎新、比赛到系里的新年晚会，从前期的策划协调到后期真正站在后台调试设备、确保活动圆满地进行，我感受到幕后和团队的力量是强大的。

而通过中大青年传媒，我感受到我和校园以及这个城市连接得更加紧密。大一刚进入社团时，我提了一些听起来就难以操作的选题，学长学姐们却一直鼓励我完成它们。我做的印象最深的报道是关于学校周边外卖店的调查。我们利用周末走访集中在学校附近城中村的外卖店，点了许多份外卖，对比它们与商家宣传的异同……稿子虽写得曲折、辛苦，但发布后许多同学都在微信朋友圈转发，引起了很多讨论，我们都觉得很开心。大二、大三时，我的主要工作从撰写变成了修改稿件，尽管有时会遇到意想不到的困难，但大家关切周遭世界的热情和真心也给了我很大的信心。

事实上，我参与的大部分学生工作同真正意义上的工作还存在很大的差距，而在离开这份“工作”之后，我发现它给我带来的与其说是“工作经验”，不如说是更为珍贵、多样的“体验”。认识与自己完全不同的人，与他们交流、合作，直面差异以及由差异带来的种种问题与争执，这样的体验一方面促使我不断成长，另一方面也使我更清楚自己想要成为一个什么样的人。

我和许多好朋友因学生工作而结识，几年过去，我们大都选择了不同的生活，彼此之间相隔遥远的距离，但我们仍然彼此关怀、彼此鼓励，这是我最为珍惜和感恩的。

三、关于生活的其他部分

我是一个没有办法每天伏案学习（或者伏案做其他事）的人，必要的“不务正业”一则带给我“放空”的机会，二则让我有时间同自己对话。游乐是生命的必需品，我确信。

我喜欢跑步，尤其是长跑。开启研究生生活之后，我意识到“重复”是一种不可避免的日常，那就让重复持续更久吧！跑步的路上，我听完了平时久闻大名而没有耐心听的专辑，学着村上春树在跑步时试图在心中发表讲话（当然是稀奇古怪的内容）。因没有速度和距离的要求，跑步的痛苦大概也随风而去了吧。

我喜欢听演唱会，偶尔也到现场感受音乐，看着喜欢的歌手勤奋地写歌发表，便下定决心敦促自己也要多多产出。我还喜欢拍照，喜欢旅行，喜欢看电影……本科上西方文学课时讲过“诸神的黄昏”，盯着那张画时，我想，倘若世界的走向是“下坠”，那么这些“喜欢”尚可构成什么能够飞翔的东西，它们轻轻地承托着我，越过重峦叠嶂。

本文 2022 年 9 月 23 日发表于“中山大学中文系”微信公众号

光明永在，潜力无穷

个人简介

刘宸硕　女，汉族，2000 年 2 月生，山东临沂人，中共党员，中山大学中文系中国现当代文学专业 2022 级硕士研究生。曾为中山大学中文系研究生会成员，曾任中文系硕士研究生第二党支部宣传委员，现任中文系硕士研究生第二党支部纪检委员，2022—2024 年担任中文系研究生兼职辅导员。曾获国家奖学金、省级优秀毕业生荣誉、中山大学研究生一等奖助金、中山大学职业规划大赛银奖及最佳创意风采奖等。

一、担任兼职辅导员的日子

2022 年 10 月到 11 月是广州海珠区新型冠状病毒疫情（以下简称“疫情”）非常严峻的时段。在这段时间里，作为兼职辅导员，刘宸硕协助辅导员老师处理各类工作，如封控期间物资供给、护送学生平安回家、偶发事件督办跟进……经常持续工作到半夜。工作非常繁杂且细碎，但在刘宸硕看来，“沧海横流，方显英雄本色”，需要挺身而出的时候才会明白“责任所在”“义不容辞”这两个词语沉甸甸的分量。

兼职辅导员的工作促进了刘宸硕与本科同学之间的密切交流。刘宸硕了解到一些同学所面临的问题和困境，“有一些我曾经历过，并能够给予相关帮助和指导，但也有一些是随社会发展产生的新难题，我和他们同时都在探索的过程中。从中既可以向内观照自己，也可以向外观察他人”。刘宸硕认为，“一代人有一代人的使命和机遇”。她很喜欢老舍写的一幅字——“光明永在，潜力无穷”。

二、积极从事学生工作，实现从学生到职场的稳步前行

刘宸硕在选择担任兼职辅导员的第一年也成为中文系研究生会的成员，还是中文系 2022 级硕士研究生第二党支部的宣传委员。这些工作对她来说具有共性——可以从中获得一些可迁移的通用素质和技能，比如通过实践积累形成的通盘考虑解决问题的能力、能够清晰简洁地传达观点的沟通能力、稳妥思考后确认交付结果的能力等。这些通用素质和能力为她未来能够平稳完成从学生身份到职业身份的转变做了铺垫，帮助她在学生阶段完成了部分社会化。

在这个过程中肯定会有很多失败和挫败感，但正是多次的实践才让她渐渐从不熟悉到游刃有余。学生工作的经历让刘宸硕学会将试错成本控制在合理的范围内，并从一段段挫折中内省获得能力的提升。

三、职业规划的萌芽与展望

刘宸硕在 2023 年中山大学职业规划大赛中获得了银奖。在她眼中，职业是个人和社会有尊严的共生。针对同学们面对职业规划的迷茫，刘宸硕认为，首先，在确定规划前，不妨先给天赋一个机会。她说：“天赋不会改变，但天赋却需要很长时间才会变成才能，如果对某项职业感兴趣但没有天

赋，可以通过兴趣驱动以长期投入。”其次，她建议要多多探索，可以通过亲身经历进行低成本试错，但同时也要有自己的判断，不要盲目听从权威和长辈，“我们近期达成的共识都是在最近5～10年形成的，要明白经验的时效性，也要学会给权威祛魅”。另外，也要定期走出自己身边的“一亩三分地”，去看看真正广阔的世界，保持探索欲和好奇心。不然，不知不觉就会忘了生活的宽广，思维也将变得局限。

四、结语

任何时候，人生都不存在唯一的“上岸”之路，职业规划从一开始就不只是在选择一份工作，刘宸硕有一个很朴素的准则——“Everything has a price”，万物皆有代价，只不过有些不会写在标签上。如何进行职业规划？她能提供的建议是“三步走”：获取充分的信息，了解背后的代价，独立做出选择。

本文2024年3月14日发表于“中山大学中文系”微信公众号

南非之春别样红，汉语之花遍地开

个人简介

冼晓彤　女，汉族，1999年11月生，广东佛山人，共青团员，中山大学中文系汉语国际教育专业2022级硕士生，2023—2024年度南非开普敦大学孔子学院国际中文教育志愿者。

一、锤炼专业的实践经

在 Groote Schuur High School（格鲁特舒尔高中），我担任高中 10 年级的汉语老师。南非的 1～7 年级为小学，8～12 年级为高中，学制划分与中国不同。学生在 8、9 年级广泛涉猎各类课程，选择自己感兴趣、有信心的科目作为高考科目，并在 10～12 年级固定学习选定的高考科目。汉语（Mandarin）在 2018 年被定为南非高考自选科目之一，有小部分学生会选择汉语作为高考科目。南非高考的评分主要由两大部分组成，一是笔试（阅读和写作），二是平时表现（口语和学校评估），所以学生的平时表现对最终的高考成绩产生举足轻重的影响。

我任教的 10 年级其实是高考汉语学习的初级阶段，学生虽然在 8、9 年级也学过汉语，但他们的汉语水平参差不齐。这两个年级的学习内容主要以兴趣、文化为主，对汉字、语音、语法等缺乏系统教学。因此，到了 10 年级，学生仍然需要从《HSK 标准教程 1》学起。

为了让学生认识到高考汉语的特点和重要性，迅速进入高考状态，我在开学第一节课便向学生展示了高考题型。同时，我在每节课刚开始时都会设置听写练习或者游戏环节，尽量减轻学生的课后作业负担，让他们有时间认真复习、背记知识。

汉字学习对学生来说是一个难点，也是必须突破的门槛。为此，我利用字帖网站制作了田字格和每课对应的练字帖，让学生上台临摹，课上跟着老师一起一笔一画地写好汉字。

停电对于大部分非洲国家来说都是常态，南非也不例外。这所高中所在的片区供电不稳定，会出现在规定的停电区间前就停电、在停电区间后仍然供电不稳等情况，导致投影仪、电脑等多媒体设备常常无法使用。为此，在南非任教的志愿者们都练就了“不用多媒体设备都可以上好一节课”的本领，借助教材、练习册、板书、词卡、实物道具等，也可以让学生学好每一课。这所高中为 10 年级学生每人配备了一台平板电脑，老师也可以通过其电脑系统将文件传输给学生。

开普敦大学中文部授课使用的教材是《新实用汉语课本（第 2 版）》（英文注释本），虽然该教材的第 1 册已出到第 3 版，但英文注释本第 2 册暂未出版，为了使学习者能够在高年级连续地学习，故继续沿用第 2 版教材。

开普敦中文部的汉语课强调汉字优先，因此教师在第一次上课时并没有过多引入拼音的概念，而是告诉学生，“汉字才是汉语的语言载体，就像字母是英语的语言载体；依赖拼音学习汉语，就像依赖国际音标学习英语一样”。

教学时，教师会直接将汉字与英文单词进行比较，不借助拼音作为中间媒介，告诉学生汉字的部件 / 部首与英语的词缀有异曲同工之妙。教师的 PPT 更多是帮助学生摆脱课本上拼音的工具，从而建立起汉字和读音、意义之间的直接联系。事实证明，学生不借助拼音同样可以准确发出汉语语音，这样的学习原理与我们小时候习得汉语的过程是相似的。

二、传播文化的“螺丝钉”

南非开普敦的华人华侨数量较多，每年春节，当地都会举办盛大的庆祝活动。今年也不例外，2024 年 2 月 3 日，当地在 V&A Waterfront（维多利亚阿尔弗雷德码头广场）举行了龙年新春庆祝活动。我们孔子学院参与了文化宣传摆摊和文艺表演。

在摊位上，孔子学院擅长书法、绘画和编手绳的志愿者们纷纷拿出看家本领，为南非人和当地华人华侨们提供了丰富多彩的春节文化活动。许多南非人都参与进来，拿起毛笔，写下“福”字或者是自己的中文名字，切身体验到了中国文化的魅力。我也有幸作为孔子学院志愿者代表接受了中国环球电视网（China Global Television Network，CGTN）的采访。

2024 年 2 月 8 日，孔子学院受邀参与驻开普敦总领事馆组织的新春招待会。会上既有中国传统的舞龙、舞狮、古典舞表演，也有非洲传统的祖鲁战舞表演，在场的人还能品尝到中国的东北烧烤、饺子等美食。

总领事馆的新春招待会让我们远在南非也能找到“家”的感觉。

三、彩虹之国的生活记

南非开普敦是世界著名的旅游胜地，工作日努力工作，休息日就尽情玩耍。这里有蔚蓝大海，海鸟翱翔；这里有鲜花遍地，绿草如茵；这里有壮阔桌山，长河落日；这里有田园风光，金黄硕果；这里还有巧手的志愿者们，常常能在方寸厨房里，利用有限的食材，变换出中餐、西餐、各式甜点和糕点……

还记得 2023 年 6—7 月参加中外语言交流合作中心的培训时，前往非洲国家的汉语教学志愿者们齐聚一堂，每一位给我们授课的老师都不约而同地发出感叹，“真佩服大家，愿意前往非洲教汉语”。是啊，去一片遥远而且对中国人来说略显陌生的大陆难免会让人心生恐惧。

我来到南非已经3个月了，在这里我感受到了南非人民的热情、友好，领略到了南非风景的壮丽、秀美。但更重要的是，汉语及中国文化在这片大地得到了更广泛的传播，更加深入人心。如今，在南非街头，不时便能听到一句中文“你好”。

现在，我可以自豪地说：“我在非洲教汉语，很幸福！”

本文2024年3月9日发表于“中山大学中文系”微信公众号

瀚宇之花，向光而生

个人简介

谢绮琪 女，汉族，1999 年 12 月生，广东阳江人，共青团员，中山大学中文系汉语国际教育专业 2022 级硕士生，2023—2024 年度菲律宾雅典耀大学孔子学院国际中文教育志愿者。

一、前奏之音

雅典耀孔子学院位于菲律宾较为繁华的地带，到处都是高楼大厦，如果不仔细看，似乎和广州也没有很大的区别。这里的马路总是熙熙攘攘，交通状况非常繁忙，在这里，每天都可以见到一种特别的交通工具——吉普尼。菲律宾人常常乘坐这种交通工具上下班，当里面坐满了人之后，他们就会“挂”在车尾。我第一次见到这种现象的时候，很好奇地想拍下来，“挂”在车尾的人还会热情地腾出一只手和我打招呼。或许，这正是菲律宾人乐观、友善的生活态度的一种体现吧。

办公室的老师说，有很多高楼大厦的地方就是 makati，也就是孔子学院所在地方。从我们住的公寓往外看，远处的建筑并不太高，但是住处周围都是高楼。这种城市布局似乎也是菲律宾的一种特色：一片高楼，一片矮房，错落有致。

二、转轴拨弦，三两有情

我所在的雅典耀孔子学院设有小班课和一对一汉语课程。小班课每一个综合课程会有三十个小时的课程，分为初级、中级和高级三个级别，每个级别再细分成五个等级。我一共教两个班，分别是中级和高级，都是线上课程。因为每次课的课程时间较长，我刚开始的时候有些不适应，一方面想非常热情地、充满活力地投入课堂，但另一方面由于讲课时间过长，我常常会感到喉咙不舒服。为了提供更好的汉语课堂，我会在第一次上课的时候，了解学习者的学习目的和学习偏好，基于此设计好词汇、语法、汉字和口语四个部分的内容，希望帮助中高级学习者掌握好汉语基础知识，更好地书写汉字，提高他们的口语能力。

同时，在课堂上，我会基于课文的主题，向学生介绍一些中国文化和中国社会现状等。比如在讲到“慢生活”这一课的时候，因为当地使用的教材版本比较旧，书本上并没有太多关于当代中国社会生活节奏的内容，所以我在课堂上分享了许多有关中国人当下生活的资料，让学生讨论菲律宾人和中国人生活节奏的异同，并让大家说一说自己对生活节奏的看法。这样不仅让学生感受到了文化的动态性和异同，还增加了学生对中国的了解和理解。

除了小班课以外，我还有一对一的课程。我的这位一对一学生比较特别，他是雅典耀孔子学院 2023 年唯一一位申请到“一带一路”奖学金的学生，换言之，他可以到中山大学就读本科，但是在此之前他需要通过 HSK（即汉语水平考试）5 级。我刚开始辅导这个学生的时候，他只通过了 HSK3 级，HSK5 级对他来说还是一个很大的挑战。在对他的基础有所了解之后，我决定采取循序渐进、以考促学的方法来进行汉语教学。我并没有直接从 HSK5 级开始教学，而是和他认真讨论后决定，先从 HSK4 级开始，以避免学生产生太大的畏难情绪，使其保持学习的热情。经过两个多月的学习，学生高分通过了 HSK4 级，他非常高兴，我和他都对接下来的 HSK5 级充满了信心。此后，我在课堂上不仅教汉语知识，还经常讲解一些做 HSK5 级试卷的技巧，以期帮助他更好地通过考试，顺利地进入中山大学学习。

三、嘈嘈切切，珠落玉盘

除了上述的日常教学工作之外，孔子学院还有数不胜数的文化活动，包括春节、中秋节活动，书法活动，中医活动等。

让我印象非常深刻的是，孔子学院和菲律宾的菲华先生菲华小姐选美大赛有合作，我们作为志愿者为这些选美参赛者提供了三十个小时的汉语课程，参赛者还到孔子学院来参与了书法文化活动。在活动中，我们简要地介绍了书法的历史、书法工具和一些经典的书法作品等，并给他们提供写书法的机会。让我们非常惊喜的是，他们的书法水平远超我们的预期，横竖撇捺都写得很整齐。我们也非常开心，因为这次活动能让更多的菲律宾人感受到中国文化的魅力。

每当有重要节日，我们就会在孔子学院以及当地的大商场中举办各式各样的文化活动。比如在去年的中秋节，我们以“玉兔捣药”为主题，为当地的孩子们精心策划了一系列活动。我们为他们讲解“玉兔捣药”的故事，指导他们用模型做月饼，还让他们在玉兔扇子上涂鸦等。每个孩子都认真地参与到活动中来，将自己的创意和中国文化相结合，完成绝妙的碰撞。

四、曲韵悠扬，声声不息

2023 年我的志愿者经历忙碌、充实且美好，2024 年的工作也早已开始，我还需要不断学习、不断前进。希望在这里的时光，能够让我增长更多智慧，让我成为一个更加优秀的国际中文教师；也衷心希望，在新的一年，瀚宇之花更美地开在地球每个角落！

本文 2024 年 2 月 16 日发表于“中山大学中文系”微信公众号

中文人的音乐之路

个人简介

万雨涵 女，土家族，2004 年 6 月生，广东深圳人，共青团员，中山大学中文系汉语言文学专业 2023 级本科生。现为中文系团委青年发展部成员、中山大学南校园合唱团成员。曾获 2023 年中山大学校园歌手大赛总决赛三等奖等。

一、她的音乐之路从儿时的合唱班开始

万雨涵自小就接受音乐的熏陶，合唱班是她音乐之路的开始。到现在，她还能回想起小时候在深圳市少年宫合唱班学习的第一首曲目——童谣《红蜻蜓》。

进入中山大学后，她毫不犹豫地加入了中山大学南校园合唱团。在合唱团中，万雨涵保持着在中学时养成的习惯，认真参加排练，以最好的状态唱好每一首歌。与此同时，她也不愿丢下已经掌握的声乐技艺，平时会自发练习声乐曲目，以保证自己在声乐上不至于退步。

万雨涵任合唱团高声部负责人。对于较内向的她而言，每次带高声部成员排练都是一次小小的考验。万雨涵努力克服自己的紧张，争取在每次排练中都将自己在声乐上的所学倾囊相授。她说："教学相长并非虚语，在这个过程中，我能感受到自身的能力也在进步。"除了声乐技艺的提升和号召力的提高，万雨涵还接触了很多之前从未涉及的领域，比如制作海报、制作 MIDI 音频等。"我非常珍视每个机遇，并积极应对各种挑战。这些经历不仅使我获得了宝贵的经验，也使我的个人能力得到了提升。"万雨涵说。

二、她的音乐之路上掌声阵阵

万雨涵积极报名参加中山大学 2023 年校园歌手大赛并获总决赛三等奖。高中时，万雨涵也参加了一次校园歌手比赛，并取得了第七名的成绩。但大学的这次比赛有所不同，参赛人数更多、观众更多，比赛也就更加激烈和精彩。从系内海选、南校园海选、初赛到总决赛，万雨涵对晋级和最终的结果并没有太大的执念，但心中还是难免紧张。能够走到最后，得到总决赛三等奖的成绩，已经是意外之喜。万雨涵觉得，"这是对我探索流行唱法的肯定，同时也是对我声乐技艺的认可，因此我感到无比的幸运和满足"。

三、音乐与文学为她生命之不可或缺

于万雨涵而言，音乐的角色一直发生着变化："在初中之前，音乐作为我的爱好，是生活中的调味剂。在高中时期，当我决定尝试艺考后，音乐在我心中的地位就变得严肃起来。直至步入大学，音乐于我而言已脱离了考试的范畴，重新回归为一种兴趣与消遣。"尽管音乐在生活中的角色不断转变，但万雨涵对音乐的热爱始终如一，对待音乐始终认真与严谨。

进入大学后，万雨涵感到音乐的意义更加凸显。“对于转入中文系的我而言，音乐不仅具有日常娱乐与放松的作用，在培养文化及艺术素养方面也扮演着重要的角色。”同为人类的创造性成果，音乐和文学作品中的情感表达和艺术体验是相似的。因此，音乐与文学是能够相互交流和补充的。音乐能够唤醒人的感知，激发人的文采。许多音乐作品中的歌词具有强烈的文学性。此外，音乐创作与文学创作、音乐表演和文学表达同为艺术创造的重要方式，颇有共通之处，都是在演绎故事或表达情感。由此可见，音乐与文学之间具备相互性，二者存在共通之处，并能互相影响、相互补充。

提及音乐道路上的规划和展望，万雨涵希望自己能永葆对音乐的初心和热爱，在完成学业之余，仍能兼顾音乐，进一步提高自己的声乐能力，将对音乐的热爱坚持下去。对她来说，音乐的重要性远超一般的爱好，“它是我生活和生命中不可或缺的一部分”。

正是对音乐的爱好和不懈的付出，才让音乐成为万雨涵的专长，甚至成为她生命的一部分。面对周围人对生活与热爱如何平衡的迷茫，万雨涵的建议是，如果内心真的喜爱一件事，那就放手去做。不用担忧他人的评说与议论，也不用害怕无法持之以恒。毕竟，除非亲自尝试，否则如何能知道自己是否真正喜爱并能坚持下去呢？不尝试就没有收获，有收获才能自信，自信才能推动自己在各方面的进步。因此，即便在尝试过程中未能持之以恒，这种勇敢的尝试本身仍是一种宝贵的经历。万雨涵认为：“如果能坚持下去，爱好就能变成特长，在丰富日常生活的同时也能为个人增添光彩，何乐而不为呢？”

如果有想要尝试的事物，就勇敢投身其中吧！能否坚持并不是评判成功或失败的唯一标准，在其过程中的体验和经历才是最宝贵的财富。

本文 2024 年 3 月 18 日发表于“中山大学中文系”微信公众号

在交流与奉献中成长

个人简介

陆韵　女，汉族，2001 年 2 月生，广东肇庆人，中共党员，中山大学中文系 2019 级本科生，中国古典文献学专业 2023 级硕士生。本科期间，曾获得国家奖学金、中山大学优秀学生奖学金一等奖，第十九届暨南诗歌奖一等奖，中山大学一星级志愿者等荣誉。研究生期间，曾获得中山大学研究生一等奖助金等。现担任岭南诗词研习社副社长。志愿服务时长累计 336 小时。

一、社团活动：风乎舞雩咏而归

大一入学，陆韵便加入了岭南诗词研习社，接触到了旧体诗词创作的相关知识。她创作的词作《小重山》曾获得“‘诗颂中华，文润四海’——第十九届暨南诗歌奖一等奖”。词作《浣溪沙》《蝶恋花》等在《中华辞赋》上刊登发表。她从大二至今一直担任岭南诗词研习社副社长。任职期间，组织并参与了2023年中山大学中国诗词挑战赛、社团招新、社课讲座、雅集讨论、游园会、除夕飞花令、海珠湿地踏青、诗社毕业季相关纪念活动等线上线下活动，具体负责策划、宣传、摆台、物资、场地、嘉宾联系等工作。

据她回忆，大一刚入学时，诗社成员还比较活跃，每隔一两周，就会依时令或题材命题，征集社员作品，再根据大家的空闲时间分组，组织诗词讨论会。讨论会常从晚上八九点钟开始，地点定在“南草坪”食堂外露天座位处。此时食堂已经熄灯，大家拉过藤椅围坐着，轮流介绍自己的创作过程、思路和亮点，并互相点评。2019年11月11日晚上，她第一次参加讨论会，新社员们围坐一桌。她分享了自己创作的第一首诗《星湖行船候月》。随着讨论的进行，气氛逐渐活跃。散会时，一轮明月已经从屋檐处升到棕榈树顶。社员们三两结伴，踏月归去，路过图书馆一带的小竹林，恰是“水中藻荇交横”之景，大家便开始即兴飞花令。在社团活动中，她的旧体诗词创作能力得以提升，活动组织、团队沟通与协作能力也得到锻炼，同时，她还收获了友谊与难忘的回忆。

二、田野调查：绝知此事要躬行

对于身为戏曲文献学方向学生和戏曲爱好者的陆韵而言，接触戏曲的机会更多是在古籍文献中，或是剧院的观众席上，而田野调查则是陌生且神秘的。因此，研一上半学期，她特意选择了王霄冰老师主讲的“田野调查的理论与方法”课程。课上，她和民俗学的四位同学组队，以粤剧线上直播、线下演出模式的异同、互动、传承与发展为研究对象，展开田野调查。她们走访了南方剧院、江南大戏院、红线女大剧院等不同剧院，线下观看了《屈原》《文成公主》《白门柳·董小宛》《胡不归·颦娘》等多部粤剧，对剧场设施、观众群体、观剧氛围和演出剧目、表演模式间的关系，有了更深刻的认识。同时，她们以线上粤剧题材直播间为田野点，对直播内容，主播人设、话术、身份背景、盈利途径、直播缘由，以及粉丝和粉丝间、主播和主播间、主播和粉丝间的互动模式等进行了观察和分析。此外，她们还围绕

“粤剧演员的入行和直播道路”这一话题，对广州粤剧院掌板欧阳靖，演员李倩、柯超杏等粤剧从业者，黄悦、许瑆美等粤剧爱好者、学习者进行了深度访谈。

虽然她们只是学生，德高望重的掌板欧阳靖仍然热情友善地带领她们进入后台，耐心讲解，为她们和演员、编剧、导演等“牵桥搭线”。她们的演出票，部分是院长李嘉宜和欧阳靖相赠，且总预留出最好的位置；部分是自费购票，这时欧阳靖便会笑着向其他演员、导演介绍，“她们是中大的研究生，自己买票来支持我们”。当她们发去观剧感受，欧阳靖总是积极回复，同时表达欣喜感动之情，并询问“是否能转发给其他演员和导演”。当她们表达感谢时，欧阳靖则常带着诚恳与惭愧说：“传承粤剧，本来也是我这个传承人应该做的事情。”这次的粤剧田野调查不仅拓宽了她的研究视野、思路和方法；也让她走到粤剧幕后，看到了聚光灯之外的生活里，戏曲从业者的坚守、责任、无奈与辛酸。

三、志愿服务：善人者人亦善之

大学期间，陆韵多次参与由中大青年志愿者协会、中大爱心同盟等学生社团以及社会各界开展的志愿服务活动。在“心灵火炬”公益活动中，她每月定期和一位山区中学的小姑娘通信，在生活和学业上提供力所能及的关怀与帮助。在“点亮星空”活动中，2020年秋冬的每个周末，她几乎都会和其他志愿者结伴前往位于佛山的特殊教育幼儿园，教授美术、音乐、剪纸等课程，逐渐与孩子们建立起深厚的友谊。在“秋季五点课堂”活动中，她每周有两个晚上会前往第五教学楼（现为艺术学院院楼），辅导中大外来务工人员子女的学习。在“中文系学长团计划”活动中，她带领新生游览校园，帮助新生适应大学的学习与生活节奏。在中山大学寒假招生宣传志愿者活动（下简称“寒招”）中，她向中学母校的师弟师妹们宣传中大，协助他们了解报考志愿相关事宜。此外，她还多次参与各大博物馆、景区的文明导览志愿活动，具体负责应急物品借用、游客讲解及帮扶、秩序维持等工作。

最令她感动的有两个场景。其一发生在“心灵火炬”活动中。一天，她捧着小夜灯，从牛皮纸袋里找出新寄到的信件，微鼓的信封里，有精心包装好的心形落叶和紫荆花，“最近，学校宿舍的紫荆花开得正茂，而生活老师们认为它们挡住了阳光，便将它们砍去，我从被砍掉的枝头上折了些许……最后，附上一枚心形树叶，望学姐天天开心”。那些信件现在还珍藏在她的抽屉里。其二发生在“点亮星空”活动中。她发现，这些孩子虽然被贴了

“自闭症”“多动症”“智力障碍”等标签，但每个孩子都拥有友善、敏感、独特的灵魂。有一天傍晚她离开幼儿园大门，马路对面就是一间小瓦房，薄暮冥冥，拾荒婆婆收养的十余只猫狗就在门前乖巧地伏卧着，不时歪着脑袋望她一眼。这时，她恍然感到，她才是那个得到治愈和帮助的人。在这些志愿服务活动中，她从来不是一个单向“帮助他人的人”，恰恰相反，她的收获也许远大于她所能提供的微小帮助。

参与社团、田野调查和志愿服务等活动的经历，是她课余生活的重要组成部分。这不仅给了她在爱好中积累知识、增长见闻的机会，也使得她在一次次接触他人、了解社会的过程中，逐渐实现自我心灵的净化，变得更加平和与包容。

本文写于 2024 年 6 月 26 日

知之愈明，行之愈笃

个人简介

罗茜尹 女，汉族，2002年4月生，广东河源人，中共预备党员，中山大学中文系汉语言文学专业2020级本科生，现于本校攻读中国现当代文学专业硕士研究生学位。曾任中山大学中文系学生会主席团成员。曾获中山大学优秀学生奖学金三等奖，获评“中山大学优秀学生会骨干”、学生会“我为同学做实事”年度服务项目优秀个人，本科毕业论文获评中文系2024届优秀本科生毕业论文，曾参与广东共青团“展翅计划”。

一、与学生会的三年之缘

自进入康乐园起，罗茜尹便与中文系学生会结下了不解之缘。大一时，文娱部的招新如滚烫的炽阳，成员们的朝气蓬勃和似火热情，深深吸引了她。加入文娱部后，她便开启了长达三年的学生工作，亦开启了以莹莹微光照亮他人之旅。

“做舞台最坚实的后盾。”在中文系学生会文娱部任职的第一年，罗茜尹兢兢业业地执行着幕后工作，力求为同学们打造缤纷的文娱活动。红色诗文朗诵大赛、系新年晚会……每一次舞台展演都离不开幕后工作者的奔波。幕后人员需要穿着黑衣隐入帘幕，罗茜尹便是其中的一员，他们是绚丽舞台的无声后盾。这一年她感受到了服务他人、奉献自我的使命感与意义。

“为者常成，行者常至。”大二时，罗茜尹担任中文系学生会文娱部第一负责人，并以实际行动诠释了何为“脚踏实地，服务联系”，这亦映照出她对学生工作的价值、责任的体认。她精心策划并组织了多场活动，曾协助校团委承办中山大学 2022 年校园歌手大赛南校园初赛及复赛。两周时间，她做了八版方案，不怕过程之艰难，只怕无法为同学们献上一场完美的视听盛宴。凭借出色的组织和协调能力，她帮助中文系赢得了优秀组织奖的殊荣。“文化如水，润物无声”，在建党百年之际，罗茜尹还协助中文系举办了“百年丰碑，筑梦远航”师生及校友书画展开幕式暨颁奖典礼。这次活动不仅是对优秀传统文化的传承和弘扬，更是一次师生校友情的连接和凝聚。

“全心全意为同学服务。”进入大三，罗茜尹决定延续为同学们服务的初心，担任中文系学生会主席。在中文系学生会的第三年，她以更坚定的决心、更持久的恒心践行服务同学的宗旨。她牵头推动了多项服务项目，如“郁文互助坊”、“寝”你来看宿舍创意大赛、“情系凤庆，文以筑梦”义教活动等，关切同学多种需求，帮助同学解决“急难愁盼”的问题，服务同学总数超过 2000 人次，带领中文系学生会获得了中山大学优秀学生会的荣誉。

罗茜尹深知，“路漫漫其修远兮”，其“将上下而求索”，三年的学生工作使她明晓了自我的价值。在未来的日子里，她将继续秉持这份初心和热情，在服务与实践中贡献青春和力量。

二、“纸上得来终觉浅，绝知此事要躬行”

“有一分热，发一分光。”新冠疫情肆虐之时，罗茜尹以自己的方式发光发热。2022 年 4 月，在上海疫情最为严重之时，她参加了“袋走 Pack-Age”公益计划，积极投身线上志愿活动。疫情期间，群众需要的不仅仅是物资的支持，更需要精神的慰藉和畅通的信息。于是，她在线上积极收集并整理援助信息，为上海的疫情防控贡献了自己的力量。

“热心实践，厚植情怀。”从校内走向校外，方能将服务与实践的种子播撒在更广阔的大地上。2023 年 6 月，罗茜尹参与了广东共青团的“展翅计划”，在广州市越秀区政务服务和数据管理局，她以实习生的身份，用智慧和汗水助力政府数字化转型，为群众提供更加便捷高效的服务。她积极参与了越秀区政务服务机器人“艾小越”企业微信的后台运营工作，不断优化“艾小越”平台中与各政府部门政务服务相关的数据库，使群众享受到更加便捷高效的服务；同时，她还积极参与“我为群众办实事”主题实践活动，向群众推介越秀区政务服务内容，宣传便民惠企政策。她用自己的实际行动，让群众感受到了政府服务的温度。

罗茜尹认为，中文人最可贵的便是人文情怀，这份情怀不只是书页上深沉的文字，更应生长成扎根于社会与群众的参天大树。

三、不止步于纸页书卷

“循梦而行，向阳而生。”大学生活是一幅丰富多彩的画卷，罗茜尹在稳步完成专业学习的同时，亦争取德智体美劳全面发展。

2020 年，罗茜尹加入了中文系拉拉队，用活力的舞姿书写青春篇章。在中山大学康乐杯健美操大赛、中文系趣味运动会开幕式表演、中文系新年晚会表演中，她和同伴们每一次的跳跃与转身，都展现着健康的美感，诠释着生命的韵律。青春正如健美操舞蹈那般，柔美与力量并存，灵动与坚韧交织；在排球场上，亦能见到罗茜尹的矫健身影。排球是永远向上看的运动，身为中文系排球队的副队长，罗茜尹积极带领队伍训练，勇于在球场上拼搏，将夜晚训练的汗水凝铸成白日赛场上激烈的扣杀与救球。在一场场角逐中，中文系排球队最终收获中山大学“阳乐杯”第五名、“康乐杯”第八名的成绩。团队合作、挑战自我，青春在手掌与排球的碰触中尽显亮色。在排球队坚持了四年，她深刻领悟到了永葆斗志的排球精神，必将不言放弃、振翅凌空。

四、结语

知不足以奋进，望远山而前行。作为中文人，罗茜尹深知人生不能只有诗情画意，更应有实干理想。“知之愈明，则行之愈笃”，她将传承“博学、审问、慎思、明辨、笃行”的中大精神，无畏千山万水、丰满自身羽翼，踏上新征程。

本文写于 2024 年 6 月 20 日

挺膺担当，书写青春篇章

个人简介

林嘉怡 女，汉族，2003年3月生，上海市徐汇区人，中共预备党员，中山大学中文系2021级本科生。现为中山大学中文系第49届学生会主席团成员、第49届学生会团支部书记，获评“中山大学优秀学生会骨干”、中山大学“我为同学做实事”优秀个人、中山大学优秀共青团员。

从小对语文学科的热爱、对优美文字的沉醉，似乎一直牵引着林嘉怡走向文学的世界。与中文结缘，是一件自然而然的事。在中山大学中文系求学的过程中，从诗词歌赋到散文小说，她与古今中外的文学作品展开交流，不断加深对世界各国文化的认识和理解，也更深刻地体悟到中华文化的博大精深。正是在文学宇宙遨游的过程中，她树立了包容开放、自信昂扬的文化观。在中大中文系，她一步一个脚印，谱写青春的乐章。

在中山大学中文系学习的过程中，林嘉怡认真踏实，保持着良好的学习成绩，她还遇到了许多良师益友，与各位师友积极交流，不断提升自身各方面素质。更重要的是，中大中文系不仅聚焦于学生语言文学素养的提升，更注重拓宽学生的视野和思维。老师们不仅传道、授业、解惑，更以身作则，积极发扬中文人精神。良好的育人氛围使得林嘉怡更加珍惜语言文字的力量，也更加坚定地走在学术研究的道路上。同时，她逐渐认识到，文运同国运相牵，文脉同国脉相连，语言不仅是一种工具，更是一种文化载体。作为中文系学子，她有责任接过传承文脉的“接力棒”，以踏实严谨的态度面对学术研究，做有理想、有信念、有担当的中文人。

“读万卷书，行万里路。”文学的世界广袤而深邃，脚下的土地也蕴藏着质朴而美丽的诗篇。“实践是检验真理的唯一标准”，林嘉怡始终相信，只有将学习到的理论知识运用于生活实践，才能获得真正的成长。作为新时代的青年人，更应当心怀责任感、使命感，在做实事的过程中体悟中华优秀传统文化精神。因此，林嘉怡加入了中文系学生会，希望尽自己所能为身边人做一些力所能及的事，在为同学服务的过程中提升各方面素质，筑牢实践基础。

林嘉怡在担任中文系学生会文娱部第二负责人的一年中，参与策划、举办了许多学生活动。其中，令她印象最深的是“情系凤庆，文以铸梦”传统文化义教活动。这一活动面向中文系招募志愿者，联系服务云南凤庆的三所学校，为孩子们带去有关传统文化的语文课程。林嘉怡始终以饱满的工作热情面对这一活动，因为她认为，这一活动赋能青春力量，响应国家乡村振兴战略，能够推动语文学科知识与红色故事、优秀传统文化、云南凤庆特色文化深度结合，同时还能够为广大中文系学生搭建教学实践平台，具有很强的现实意义。因此，她不断细化活动策划，落实工作细节，精益求精、尽善尽美。最终，中文系的志愿者们共开展线上课程 35 节，与超过 1000 名云南凤庆中小学生进行交流，活动反馈良好。

当然，由于是第一次筹划这类活动，在活动举办的过程中，她与伙伴们遇到了不少困难。她逐渐认识到未雨绸缪是必要的，但由于经验不足，难免会有考虑不周、无法预料的情况发生，因此，在遇到问题时能够积极面对，寻求解决之道是重中之重。例如，由于对摄像设备不熟悉，工作团队在刚开始拍摄课程视频时遇到了严重的频闪问题，后来，通过不断调试，大家设计出了新的录制方案，新方案不仅使得课程录制流程精简化，还使得课程呈现效果更佳。在与伙伴们精诚合作、解决问题的过程中，林嘉怡提升了自身的团队协作能力、交流沟通能力和组织协调能力，还在工作中习得了剪辑视频、制作表格等小技能。她始终相信，无论在学习上还是在工作上，都可能会出现意想不到的小波折，但只要积极面对问题、解决问题，这些小挫折终究会被解决。而解决问题的过程，实际上也是自我完善的过程，所以不用惧怕困难，着手去做是第一要务。

2023 年 10 月起，林嘉怡成为中山大学中文系第 49 届学生会主席团成员、第 49 届学生会团支部书记。林嘉怡深知，成为系学生会主席团成员不仅是对她工作能力的肯定，还意味着一份更大的责任。因此，她始终以踏实而严谨的态度面对这一工作，希望通过自身努力，真正为同学办实事、解难题。

文化，是一个民族的根与魂，是民族得以延续和发展的重要基础，传承弘扬中华优秀文化，是实现中华民族伟大复兴的必由之路，亦是每一个中国人的责任。语言文学作为文化的载体，拥有强大的生命力。基于中文系的学科特色，中文系学生会也将传承弘扬中华优秀传统文化作为举办学生活动的重要目的之一。作为学生会主席团成员，林嘉怡坚持以广大同学的实际需求为立足点，统筹、协调系学生会各项工作，与各部门成员精诚合作，开展各类学生活动，包括“郁文互助坊”系列活动、校园歌手大赛中文系初赛、戏剧展演比赛等，助力广大同学在活动中学习、传承和弘扬中华优秀传统文化，展现风采、提升能力、收获成长。

此外，她积极贯彻落实学生会改革，组织学生会成员进行理论学习、开展社会实践活动，提升学生会成员工作能力与整体素质，塑造清新、阳光的学生会形象。学生会的工作以幕后为主，但这并不妨碍他们闪闪发光，她为能够在这一学生组织中工作而感到自豪，也希望自己能够继续秉持“全心全意为同学服务”的宗旨，积极联系服务同学，将中华优秀传统文化的传承与发扬融入学生活动，发扬中文人精神。

回首过去，林嘉怡一路走来，一步一个脚印，中文系的沃土滋养了她；着眼当下，2024 年是中山大学百年校庆之年，亦是中山大学中文系百年系庆之年，百年中文，是无数中文人穿梭峥嵘岁月的一百年，亦是代代中文人绵延墨香的一百年，她为能亲历百年中文的历史时间点而感到幸运；放眼未来，林嘉怡将始终牢记自己作为中文人的使命和责任，坚持落实守正创新，积极推动中华优秀传统文化创造性转化、创新性发展，挺膺担当，继续书写属于新时代青年人的青春篇章。

本文写于 2024 年 6 月 21 日

但使珠圆月岂亏

个人简介

毛嘉瑶　女，汉族，2003 年 7 月生，广东东莞人，中共预备党员，中山大学中文系汉语言文学专业 2021 级本科生。曾为中文系团委研究生部负责人、中山大学第 27 期马克思主义理论研修班成员，曾获 2021—2022 年度中山大学优秀学生奖学金三等奖、2022—2023 年度中山大学优秀学生奖学金二等奖，2023—2024 年度“中山大学优秀共青团干部”称号。在系团委任职期间，中文系团委获 2023—2024 年度“中山大学五四红旗团委”称号。2024 年 4 月，赴河南大学参加第二届“高校青年马克思主义论坛”。

一、与系团委的三年情缘

2021 年 9 月，毛嘉瑶与八千名新生一同参与了中山大学的大类培养。入学时，她在历史学系各类学生组织招新中选择参加系团委面试，成为历史学系团委志愿服务部干事；2022 年 9 月，完成大类分流进入中文系就读后，毛嘉瑶依旧决定加入系团委，这一年，她在中文系团委青年发展部干事一职中再次得到了锻炼与提升。2023 年 9 月，升入大三的毛嘉瑶依托于两年的团委任职经历，在学生骨干选拔中成功当选新一届系团委研究生部负责人，在实际工作中履行学生兼职副书记职责。

从前许多团委总负责人在任职前都已经是团委委员、部门负责人等团委骨干。毛嘉瑶一方面认为她的履历能被认可实属幸运，另一方面也认为，扎根于系团委基层的两年沉潜是她独特的财富。她认为，比许多人多一年的干事经历让她在成为统筹团委大小事项的研究生部负责人后能“看得见微小”，更好地协调部门工作安排，理解同学的工作情绪。此外，毛嘉瑶认为每一个学生工作组织都有自己的运作模式，系团委的工作可以借助从前的工作经验，但也是需要在具体实践中不断积累与适应的。从海报设计、活动采风到文稿撰写、推送排版，旁及报销申请、志愿时录入，事项虽小，但只有亲自动手做过且做好才算真正掌握。她坦言道，每位同学都会有不熟悉业务的阶段，在任务的实际执行中也多多少少会遇到问题，“干事身份让我拥有更为广阔的试错空间，各位负责人与老师都能帮忙把关，反而有助于我大胆尝试”。由此，她始终感激在干事任职期间来自历史学系与中文系的师长、朋辈的耐心指导与善意支持。

2024 年 1 月，毛嘉瑶在寒假期间进入家乡东莞市石排镇团委实习，这是她第一次真正意义上的走出校园。这段实践经历也与她在系团委的任职相互映照、相互补充，帮助她更好地服务系团委工作，助力系团委强化校地共建。

2024 年 5 月，在团委指导老师与骨干队伍的共同努力下，中文系团委获评 2023—2024 年度“中山大学五四红旗团委”称号。这一年，中文系团委经历了组织架构调整，依托学科优势进行了新尝试，许多受疫情影响的传统师生活动也恢复了正常，毛嘉瑶明显感受到团委工作走出了院系，变得更有品牌特色了。

二、每一步都算数

大学期间除系团委以外，毛嘉瑶还广泛参与到中山大学校团委新媒体工作室（校团委微信公众号）运营、中山大学保卫处学生助理工作及第十届中山大学自贸区高端论坛临时学生助理工作等学生工作中。大学并不是她参与学生工作的起点，在初中及高中阶段除了担任班干部，毛嘉瑶也曾在校星级志愿者班、校志愿服务站摄影部及校礼仪队等校级组织中得到锻炼与充实。回想起这些实践经历，她说："当时并不会思考太多价值与意义，但现在不得不承认，这些实践经历事实上帮助我逐步完成'社会化'，也在不知不觉中形塑了我的三观。"她回忆起过往，觉得高中时期许多实践经历的积累倚赖于母校东莞中学对"为每一位学生的终身发展负责"这一办学宗旨的坚持与贯彻，帮助她哪怕在繁重的升学压力下也能重视兴趣培养、职业规划与基本工作技能的锻炼，在无字之书中拓展视野、增长见识。毛嘉瑶始终认为，事件之间常常有着纷杂而无形的线在互相牵系，有些甚至是相互成就的。每一步尝试，冥冥之中都在为下一次尝试打基础，而同时进行的多项实践之间，往往能找到可以互为参考的联系性与共通性。

2023 年 11 月，毛嘉瑶加入中山大学第 27 期马克思主义研修班（下简称"马研班"），参与集体学习。立足百年校庆的时代背景，马研班将持续开展"寻办学印记，探逸仙风华"校史育人实践项目。在春季学期中，她跟随马研班同学，前往珠海、深圳、韶关等地进行中大办学印记寻访，在不同城市的气质与底蕴中感知文脉、追溯源流。毛嘉瑶认为，能够以百年校庆为契机，与来自不同专业方向的同学围绕共同学习生活的学校进行交流，是非常难能可贵的。"从前会觉得学校太大，往往更关注本系的历史与动态，马研班学习经历更强调我们作为'中大人'的身份，这也许会成为我从中文系向外迈出的重要一步。"

回顾自己的学习生涯，毛嘉瑶觉得，前行的步履虽然未必都能印踏下足迹，但努力不会白费，"回馈总是发生在不经意间，该来的时候自会来"。在前行的每一步中，比起单刀匹马，她更愿意与亲朋好友并肩同行，享受与身边人产生羁绊的"实感"。她认为，每个人都像一颗独立的星球，有着自己的生态与运行轨道，每一次同频都来之不易，都值得格外珍惜。

三、以不变应万变

这是一个惯常焦虑的时代，每个人都在为选择路径、应对未知而烦恼。毛嘉瑶坦言自己并不是一个目标指向性很强的人，包括选择通过大类招生进入中山大学中文系，也是预期之外的结果。受性格影响，她往往会在做出决定前先推演最糟糕的结果，在思虑清楚结果的可承受性后再开始实施，“降低期待是我自我保护的一种生存法则，一般事情再糟糕也不至于跌破预期，这样往往就会收获意外之喜了”。她常常感叹身边优秀的同学太多，因此在很多需要参与竞争的场合都有些“怯场”，但她后来逐渐意识到，机会来临时，自我表现也是一种责任。当大家都给予了信任与期望，争取机会，试着让自己表现得更好也是对身边人的一种尊重。

“所期石炼天能补，但使珠圆月岂亏”出自叶嘉莹先生的《高枝》，毛嘉瑶在高三时偶然读到感触颇深，一直熟记于心。后半句中，叶先生从民间故事引申开来，表达了对古典诗词文化终能“珠圆月满”的期盼：只要每个人内心的“珠”是圆的，天上的月亮便不会亏损。毛嘉瑶想，如果将叶先生的释义再引申到个人层面，祈盼“珠圆月满”，那首先便要做好“就命运而言，休论公道”的思想准备，因上努力、果上随缘，只要尽力把握好能掌控的事，做好眼前事，珍惜身边人，以不变应万变，便也足够对抗万千不确定性了。

本文写于 2024 年 6 月 20 日

用阅读涵养心灵，以行动定义芳华

个人简介

欧阳婧 女，汉族，2003年8月生，湖南邵阳人，共青团员，中山大学中文系汉语言文学专业2021级本科生。作为项目负责人，其《新编剧目现状分析及剧本创新探索——非遗视域下的粤北采茶戏调研》获得国家级2023年度大学生创新创业训练计划优秀项目。先后担任过班级学习委员、心理委员，是校辩论协会成员、中文系辩论队队长，学校2021年寒假招生宣讲活动“优秀志愿者”。曾在学校核心刊物编辑部任编辑助理。

阳光透过图书馆的落地窗，洒落在书桌上，照亮了一张专注而充满朝气的面庞。她叫欧阳婧，是中文系的一名大三学生，一个将青春之光挥洒在热爱的土地上，用行动书写精彩故事的追梦人。

一、书香为伴，心怀远方：在文字的世界里，寻找心灵的共鸣

欧阳婧从小就与书结下了不解之缘。幼时，她喜欢缠着父母讲故事，在童话的世界里天马行空；长大后，她迷恋上阅读，从古典名著到现当代文学，从自然地理到人文社科，她如饥似渴地汲取着知识的甘霖，感受着语言的魅力。书籍，如同良师益友，陪伴她度过春夏秋冬，也塑造了她沉静内敛、积极向上的性格。进入大学后，浩瀚的知识海洋在她面前敞开，图书馆成了她另一个精神家园。在这里，她流连于书架之间，感受着文字的力量，也积极参与读书分享会，与志同道合的伙伴们交流心得体会，碰撞思想的火花。她曾在学校核心刊物编辑部担任编辑助理，参与稿件的修改和校对，这段经历让她对文字的运用和表达有了更深刻的理解，也更加坚定了她用笔触记录时代、书写人生的决心。

二、言语如锋，逻辑为刃：在辩论的舞台上，展现思维的锋芒

大学生活丰富多彩，欧阳婧的身影也不仅仅活跃在书桌前。她坚信，青春的意义在于挑战自我，突破极限。怀着这份信念，她加入了校辩论协会，在唇枪舌剑的思想交锋中，尽情展现思维的锋芒。凭借清晰的逻辑思维、敏捷的反应能力和出色的口才，欧阳婧很快脱颖而出，在大二时被推选为中文系辩论队队长。自此，她肩负起队员们的期望，深感责任重大。为了打造一支团结、专业、有战斗力的队伍，她将主要精力放在了队伍建设、队员培养和赛事组织上。她组织了丰富多彩的团队建设活动以增强团队凝聚力；制订了科学合理的训练计划以帮助队员提升辩论水平；积极带领队员参加各类比赛，为队员提供展示自我、提升能力的平台。欧阳婧清晰地记得，为了备战一场辩论赛，她和队员们要连续奋战好几天，有时甚至要牺牲数个夜晚，查阅资料、分析案例、模拟辩论、打磨稿件……每一个环节她都精益求精。作为队员，她先后获得 2022 年校级“善政杯”辩论赛亚军、2022 年校级新生辩论赛季军、2022 年第三届“青云杯”辩论赛季军；作为教练，她带队参加

2022年“灵清杯”辩论赛，获得冠军；参与策划2023年校级“芳华杯”院系辩论邀请赛，共安排50余队、60余场比赛。每一次大赛后，她都感觉像军人打了一次大仗，虽然很苦、很累，但也有收获的喜悦和感动。这段难忘的辩论队经历，不仅锻炼了欧阳婧的逻辑思维、语言表达和应变能力，更让她深刻体会到团队合作和拼搏奋斗的重要性。在一次次的挑战和突破中，她不断超越自我，也更加坚定了她的人生目标：用奋斗书写无悔青春！

三、心系社会，服务他人：在志愿服务的路上，播撒爱心的种子

欧阳婧始终坚信，青春的意义在于奉献。大学期间，她积极参加班级工作和各种志愿服务活动，用实际行动传递爱心和温暖，将青春的热情播撒在需要的地方。2021年寒假期间，她主动报名参加学校组织的招生宣讲志愿服务活动，任广州队队长助理、广东广雅中学宣讲组组长，回到高中母校，为学弟学妹们答疑解惑，分享大学生活经验。她精心准备宣讲稿，将大学生活的精彩点滴、专业学习的经验体会，以及学校的特色优势融入其中，并用自己参加辩论赛和创新创业项目的经历鼓励学弟学妹们勇敢追梦。她自信的笑容、真诚的语言和饱含真情的讲述感染了在场的每一个人，也坚定了学弟学妹们努力学习、争取考上理想大学的决心。因为在志愿服务活动中的出色表现，欧阳婧被评为“优秀志愿者”。对她而言，这不仅是一份荣誉，更是一份激励，激励着她继续用实际行动去帮助更多的人。

四、拥抱世界，不断超越：在青春的赛道上，跑出精彩人生

欧阳婧积极投身创新创业实践，努力将书本知识转化为解决实际问题的能力。她曾负责国家级大学生创新创业项目1个、参与校级大学生创新创业项目2个，均取得优异成绩。这些经历让她更加深刻地认识到，只有敢于创新、勇于实践，才能在学术研究中取得突破和进展。英语学习方面，欧阳婧凭借流利的口语和扎实的写作功底，获得了雅思7.0分的优异成绩，其中写作更是高达7.5分。她相信，语言是沟通的桥梁，掌握一门外语，可以帮助她更好地开拓视野，了解世界。军训场上，欧阳婧不怕苦、不怕累，以顽强的毅力完成了各项训练任务，并获得了“军训之星”荣誉。在她看来，军训不仅锻炼了她的体魄，更磨砺了她的意志，让她更加懂得团队合作和拼搏进

取的重要性。

“领百粤风骚开一园桃李，揽九天星斗写千古文章”，这副镌刻在中大南校园中文堂大堂正中的对联，是中文系百年历史的凝聚和奋斗品格的写照。站在百年中大、百年中文这个新的历史起点上，相信欧阳婧会继续用实际行动践行“正青春”的深刻内涵，以梦为马，不负韶华，用奋斗书写属于自己的青春华章，奏响新时代青年与祖国共奋进的时代强音。

本文写于 2024 年 6 月 15 日

弦歌不辍，步履未停

个人简介

吴可钒 女，汉族，2003 年 5 月生，山西晋城人，中共党员，中山大学中文系汉语言文学专业 2021 级本科生。曾任中文系团委委员，现任 2021 级本科甲班团支书，曾获 2023—2024 年度中山大学优秀共青团干部称号、中山大学道德风尚奖、中山大学优秀奖学金三等奖、晋城市 2023 年“青春兴晋”暑期大学生实习实训社会实践成果评审汇报二等奖等，参与组织的“活力在基层”主题团日活动“百年红船，弦歌不断”入选广东省十佳项目。

一、在团日活动中追寻红色情怀

吴可钒作为主要负责人的第一个项目是广东省“活力在基层”主题团日竞赛活动参赛作品——“百年红船，弦歌不断”话剧。初期，她和团委组织部的伙伴们一起讨论团日活动形式，大家常常坐在一起展开头脑风暴，思考如何才能把活动办得更生动、更有趣。在老师以及师兄师姐的指导下，吴可钒尝试着编写策划，和编导共同改写剧本、面试演员，带领大家一遍遍彩排，过流程、过细节，最终将这个团日活动呈现在大家面前。

她记得一起排演的过程中，大家逐步深入理解这样一部原创剧本中每个人物存在的意义。原来看起来暴躁的司机并不是坏人，而是沟通大山内外的“使者”；原来波松也不是一个懵懵懂懂的小孩，其小小的身体里藏着大大的期盼与向往……扶贫原来有这么多难言的辛酸、付出的汗水与深藏的期待。而演员们代入角色后，也逐渐理解这个小故事里每个人物的悲喜心境，体味大时代中脱贫攻坚的艰辛伟业，感受习近平总书记对青年人的殷切希望。她记得最后环节中大家亲手将自己用心写下的祝愿折成红船，跟着旋律一起挥动的那一刻，她鼻头也酸了：“我看到，我们的船正在奔赴星辰大海啊……”

话剧进入终审后，在李劲峰老师的指导下，她和伙伴东婕一起提炼要点，书写讲稿，一遍遍修改，一点点精进，尽全力将支部成员们的努力以更直观的方式呈现给评委。吴可钒对评审结果公示的那天记忆深刻，“永远记得 8 月 10 号清晨，我和东婕看到我们的项目入选广东省‘十佳’的心情，从 5 月到 8 月，这是一段漫长且有些艰难，但是又因为和一群人一起努力而特别温暖的日子”。

她常常回想起在老师的指导下，和伙伴们一起组织团日活动的情景。在这个过程中她从老师、伙伴身上学到了很多东西。“从活动发起，到评审结束的过程是很漫长的，我们也没想到最后会以一个比较丰富的舞台形式呈现给大家，并且取得不错的反响。这个组织、成型的过程是循序渐进的，大家想到好的方法就一点点修改、增加。比如，老师建议我们话剧演出结束后做一个演后谈，我们惊喜地发现这样的方式让演员以及观众对剧本的扶贫主题有了更多体悟。最后的大合唱以及将写下的对党和祖国的祝愿折成红船的环节也是大家的突发奇想，很多团员认认真真地写下了很多心里话。答辩环节中，老师的指导更是让我们意识到这次活动我们有哪些亮点，还有哪些不足，也对怎样将一个团日活动做好，怎样将宏大的中国舞台与青年的舞台、文艺的舞台融合起来，怎样充分运用专业所学，将第一课堂与第二课堂结合起来，怎样创新活动形式、调动团员们的积极性等问题有了更深的体悟。”

二、在社会实践中展现青年担当

大二暑假返回家乡后，吴可钒投入社会实践中，在团陵川县委参与陵川县2023年“青春兴晋”暑期大学生实习实训社会实践活动，并获得了“2023年陵川县‘青春兴晋’大学生‘返家乡’实践‘优秀学子’”“陵川县青年志愿活动优秀志愿者”等荣誉。初次来到团县委，她有一点腼腆，在办公室里不太敢开口和大家讲话。但在跟着团县委的同事们一起外出组织各式各样的“大学生暑期实践活动”、和大家说说笑笑中她慢慢地融入了这个集体。作为工作人员，她跟随大家前往兰花集团中药厂、百草盛公司、百孚百富等企业研学，担任摄影及后期剪辑工作。在用镜头记录下同学们认真学习、记录的身影以及创业者们满怀感慨分享的画面时，她对家乡建设也有了更多的思考。研学活动让她对家乡本土中药材发展史、康养理念、高质量发展道路有了全面系统的认知。家乡在几个县区里发展较为缓慢，在新时代探索新产业过程中，面临着资金不充足、人才外流、开发不充分等问题，作为青年人应当自觉担当，回馈家乡，为家乡的发展出一份力量。在参与陵川县“关注森林一起行”徒步活动时，她作为全县团员代表发言，动员青年人一同参与生态文明建设，推动森林城市创建。吴可钒回忆，当她跟随大部队第一次站上山顶，看着远处的绿色时，第一次对“森林”这个概念有了切实的体会；而路上遇到开挖的山地、迎面扬起的灰尘，也更让她理解了生态建设的重要性。

另外令她记忆深刻的，还有在盲人曲艺宣传队的学习活动。老队长带领队员们艰难创办起曲艺队，收容残疾儿童，给孩子们一个家，更带领孩子们四处奔走演出，从移动的小舞台到残奥会开幕式的“大舞台”，始终“为党宣传，为人民而歌唱”。吴可钒回忆说她当时被深深震撼了，在那一刻她更意识到，青年人不仅是作为个人而存在，更应作为这个社会、国家中发光发热的一份子而奋斗。

2023年8月，吴可钒作为暑期实践小队队长参加了晋城市2023年“青春兴晋”暑期大学生实习实训社会实践成果评审会，在会上进行实践成果展示。暑期在团陵川县委的工作经历让她感受颇深，在这一次研学实践中她触摸到了家乡发展征程中每一个奋斗的个人、群体鲜活动人的故事，也对大学生暑期实践的方式方法有了更多的认识。吴可钒与伙伴们合作写下《“三位一体”聚合力，“双管齐下”促发展——陵川县暑期实践模式探索》实践报告，与在场评委和同学们进行分享。她记得答辩环节被问到对家乡发展的认识的那一刻，内心是百感交集的。在暑假的实践活动中他们对这个问题产生了许许多多的感受，但对于家乡建设，他们做的远远不够，他们应该去了解、去实践的还有太多太多。

本文写于 2024 年 6 月 19 日

青春不设限，努力向未来

个人简介

李孟杰　男，汉族，2004年8月生，河南洛阳人，共青团员，中山大学中国语言文学系汉语言文学专业2022级本科生。现任中国语言文学系团委本科生部负责人，2024年暑假以队长身份带领队伍到广州市从化区开展中国语言文学系“百千万工程”突击队行动。

李孟杰在中文系的两年时间里，积极参与团委、学生会、新闻中心的各项学生工作。大一期间，他同时在团委实践部、学生会文娱部、新闻中心新闻部任职，曾以新闻中心成员身份参与龙婉芸先生百岁寿宴，并撰写题为“以身藏卷帙，寿华与书同”的新闻稿，该稿被南方日报、羊城晚报等多家知名媒体采用。

大一下学期，他以实践部干事身份组织筹划了五月花海系列活动之“境界·观影汇”，这是他首次以总负责人的身份组织开展学生活动。他回忆道：“这是我第一次作为负责人身份，全程筹划并参与的活动，而五月花海系列活动一直是团委学生工作的重要部分，把这份工作交给我，让我有些许压力的同时也倍感荣幸，还好最终结果还是不错的。”

大一的学生工作让李孟杰收获了很多，同时也让他坚定了继续为同学们服务的想法。“我很喜欢开展学生活动，也热爱学生工作，与同学们交流、合作让我觉得很愉快，而且我性格外向，同学们大多也很愿意和我交流、合作，所以我做各项工作一直都比较顺利。”所以在大二上学期，李孟杰参与了团委换届竞选，当选为中文系团委委员。“很少有人能从干事直接越过部门负责人任职委员的，但是既然大家信任我，选择我，我就一定会把工作做好。”于是，李孟杰这一干就是整整两年，两年时间，变的是他的职位，而不变的是他始终为同学们服务、为中文系发光发热的初心。

李孟杰在进行学生工作的期间积极向党组织靠拢，大一上学期，他向上级党组织提交了入党申请书，同年通过推优成为2022级本科生第一批入党积极分子。在这期间，他充分感受到了学长学姐的榜样力量：“在团委，在‘青马学堂’，总是能认识到很多特别优秀的学长学姐，他们不仅积极参与学生工作，积极向党组织靠拢，而且总是努力发挥模范作用，带动其他同学不断前进，他们可能喊过累，但从来没有消极懈怠过，总是把各项工作都做得很好，他们也都在服务他人的同时提高了自身各方面的水平。”受他们影响，李孟杰始终把燃烧自己、照亮他人作为方针指南，在帮助别人的道路上，总是能看到他的身影。他认为踏踏实实做事，同学们和老师们终归是会看到的，自己的工作是能得到大家肯定和支持的，而肯定和支持也是他一直坚持走下去的最大动力。

在大一和大二的两年时间里，李孟杰总是很忙碌。一方面要做学生工作，另一方面要完成自己的学业，而他却把二者平衡得很好。他说：“在团委、学生会、新闻中心工作，虽任务多，但是并不会影响学习，只要提前规划好、做好准备工作，到活动开展的时候就不会特别忙碌了，况且我大一的时候同时加入了我们系的三大学生组织，工作可以说是特别多，但我的学习也并没有落下。”

大一期间，杨泽生老师是李孟杰的读书报告导师，杨老师是研究古文字方向的，但他鼓励李孟杰：“不要因为我是古文字方向的，就只去看古文字方向或者古代文学方面的书。你才大一，不应该局限自己，要多读多试。”所以在大一期间，李孟杰的专业选修课涵盖了各个方向，在大一两个学期中，他分别选择了一门跨专业的课程进行学习。多样化的课程选择让他觉得新奇有趣，这种有挑战性的生活是他所喜欢的。在学习期间，他也认识了很多其他专业、其他学院的同学。他说：“和他们一起学习、交流，拓宽了我的知识面，同时也结识了很多有趣的朋友，他们也教会了我很多东西。不同专业的人在选择或者判断上往往存在差异，这种差异对我而言是很新奇有趣的。与他们一同讨论哲学问题，了解金融状况，关注政治局势，也让我的生活更加丰富多彩。”

在平时的生活中，李孟杰也很爱尝试新鲜事物。ChatGPT 刚问世不久，国内还很少人用的时候，他就从计算机系的同学那里得到了使用方法。除此之外，他还喜欢旅游。他说：“人们说‘读万卷书不如行万里路’，在现代社会，可能走万里路的难度并没有读万卷书大，我很喜欢旅游，每去到一个城市，我都会为当地的风物人情所吸引，我往往会用各种形式记录下来。”李孟杰曾在读书报告中多次写到他旅游的经历，或是游记或是散文，有时候也可能是诗歌。他觉得只有经历了，才能感受到，才能有所收获。写作很需要这种经历，虽然经历本身可能不起眼，但经过情感的发酵，有感而发也许就能有所收获。他喜欢交朋友，喜欢和陌生人打交道。他说：“和不同性格、不同学历、不同背景的人交流，往往给人的体验是不同的，他们可以改变你的一些看法，也可以让你坚定一些想法。”

立足于当下，李孟杰也曾畅想未来，但是踏踏实实走好当前的每一步，在他看来更为重要：“过去的事情已经无法把握，未来的事就交给未来吧，而现在就掌握在我手中。”追风赶月莫停留，平芜尽处是春山，努力向前迎接崭新的每一天，前途一定是光明的。

本文写于 2024 年 8 月 27 日

心之所向，素履以往

个人简介

陈梓睿 男，汉族，2004年9月生，广东湛江人，共青团员，中山大学中文系2022级本科生。现担任中文系团委青年发展部负责人、2024年中文系“百千万工程”突击队队长，曾获评2024年中山大学优秀共青团员、2023年“三下乡”社会实践优秀个人、2023年中山大学寒假招生宣传志愿者活动优秀志愿者等，曾获中山大学优秀学生奖学金二等奖。

一、心向组织，服务青年

大一入学时，“学长团”的贴心服务给陈梓睿留下了深刻的印象，激发了他向组织靠拢、服务同学的热情。加入团委青年发展部后，日常的工作重塑了他对大学生活的认识。他回忆道，“我原以为中文人都是‘纯粹的读者’，但中文人还有另一面，平日一起读书学习的好伙伴，也会是共同讨论活动方案、完成落地项目的亲密战友。在青年发展部，师兄师姐带着新生一道，互相帮助，同甘共苦，时刻都体现着中文人之间的团结友爱”。在青年发展部的第一年，陈梓睿不断锻炼自我，提升了与人沟通、处理事务的本领，先进集体的力量坚定了他继续发光发热的信念。

第二年，他已不再是曾经摸索工作的“菜鸟”，而成为青年发展部的负责人。对陈梓睿而言，这不仅仅是对其能力的肯定，更是一份沉甸甸的责任。从“青马学堂”的建设到郁文书斋（青年之家）的管理，再到系友徒步活动的筹划，陈梓睿与部门成员一起，正如当初他与师兄师姐们一起，始终在点亮他人、服务他人中彰显中文人的青年担当。“我认为‘青年发展部’的名字非常棒，这个部门不仅是引领青年思想、支持青年发展的平台，也是青年在服务他人的过程中提升技能、成就自我的舞台。”陈梓睿坚信，服务他人也是在成就自身，个体的价值始终要在帮助他人、回馈社会中才能得到真正的实现。

二、在教育帮扶中彰显青年力量

2023 年暑假，怀揣着参与教育帮扶事业、支持乡村振兴建设的热情，陈梓睿随队前往梅州市大埔中学开展为期一周、主题为“星火接力，暖心助学”的“三下乡”支教活动。大埔县为革命老区，而大埔中学又是由中山大学首任校长邹鲁手创，学校教育资源较为匮乏，急需外界力量支持，因而此次支教活动意义重大。

作为队长，陈梓睿带领团队，凭借过硬的专业本领，精心规划每日的支教活动安排。根据队员特点和当地的教育需求，团队将课程设置为学科内容与素质培养两大模块，教授校本知识与文化通识，并将两大模块有机融合，组织策划了许多有趣的讲座与活动。

在方言趣味对谈上，陈梓睿通过生动有趣的方言文化故事，在推广普通话的同时，让孩子们认识到家乡方言文化的可贵。“我觉得，熟悉普通话的同时不丢掉家乡话，这既能让山里的孩子切实认识到外面的世界，也能让外人多了解这里历史悠久、丰富多彩的文化。孩子们走出大山，反哺大山，为社会做贡献，这才是我们帮助这些孩子的意义。”陈梓睿认为，支教不仅仅要教授课本知识，更要让孩子们有社会担当和家国情怀。

支教期间，陈梓睿还参与了座谈会，与当地团委领导、各支教团队的同事们交流支教工作的情况。他作为中文系学生发言：“我们希望，我们的支教活动教育帮扶事业对孩子们的影响是全面而又可持续的。”大埔县团委书记对此给予充分的肯定，并寄予支教队“要让孩子既向上生长，又向下扎根”的期望。

支教的最后一天，陈梓睿组织支教老师们与孩子们一起登台合唱《我不曾忘记》。“不要忘记我们，不要忘记好好长大的约定，我们有机会一定会回来。”陈梓睿不舍地与孩子们道别，他坚信，此刻播种的梦想，有朝一日定会绽放。

习近平总书记 2020 年 12 月 28 日在中央农村工作会议上指出：“乡村振兴，关键在人、关键在干。”在支教过程中，陈梓睿锻炼了统筹协调的能力，提升了对乡村振兴建设的认识，不断“壮筋骨、长才干、做贡献”，在践行教育帮扶事业中展现青年担当，彰显青年力量。

三、忙碌之中，请坚持一份热爱

陈梓睿从小就爱好广泛，高中时被老师和同学们称赞为“文体两开花”。而用他的话来说，“乐器里边二胡比较拿手，体育里边比较喜欢球类运动，说不上精通，但样样都会，可能就乒乓球好一些”。进入大学，陈梓睿曾在破冰晚会上用二胡演奏过《大鱼》。

相比高中，大学的生活变得“异常”丰富，学业和实践活动的压力使得陈梓睿少有时间顾及他的兴趣爱好。“直到有一天，我放下手中的活，抓起有些带灰的拍套，去打了乒乓球。”令陈梓睿没有想到的是，乒乓球逐渐成为他忙碌之中的一剂良药。通过打球，他结交了许多新球友，一起交流乒乓球的打法和技巧。固定时间的“约球”，让他得以释放疲惫，重整旗鼓。

“无心插柳柳成荫”，这份对热爱的坚持收获了意外的惊喜。陈梓睿积极报名参加学校的乒乓球赛，与系里的师兄师姐一起组队“征战”。在今年中山大学乒乓球协会举办的“联队挑战赛”中，他随队取得第三名，而在“逸仙杯”个人赛中，他获得了南校园第五名。“拿到名次是对我坚持热爱的肯定，而取得更好的成绩也将会是我前进的动力。”陈梓睿觉得，打乒乓球从某种意义上能够调节自己的情绪，也增强了其在学业和青年发展部工作上的执行力。

忙碌之中，请坚持一份热爱！无论是渐行渐远的热爱，还是将要尝试的爱好，都可以拾起来、玩起来。闲暇时，抬起头，便会发现碧空与彩云，一路风景如画。

四、结语

回望过去两年，陈梓睿始终认为，与新事物碰撞，摸索新的路径，是丰富经历和拓展认知的灵丹妙药。如果不想让生活状态局限于单一的向度，那么就主动探索、大胆尝试，不断提升自己的经验值。心之所向，素履以往，愿有余裕，播撒希望。

本文写于 2024 年 6 月 18 日

以青春之我，献礼百年中文

个人简介

吴昊宇　男，汉族，2004 年 6 月生，安徽合肥人，共青团员，中山大学中文系汉语言文学专业古文字学方向 2022 级强基计划本科生。现任中山大学中文系 2022 级强基班班长，为中山大学中文系第 49 届主席团成员、中山大学中文系第 49 届学生会团支部副书记。曾获中山大学优秀学生奖学金一等奖以及中山大学优秀共青团员、“中山大学优秀学生会骨干”、中山大学一星级志愿者等荣誉称号。

一、在为他人服务中茁壮成长

吴昊宇在为他人服务中获得成长，他回忆道："我给我自己的定位是服务者。从高中开始，我就经常参与一些学生工作以及志愿活动。尽管当时要备战高考，学习压力很大，但一直坚持着。好像从那个时候开始，我就养成了为他人服务的习惯，无论多苦多累，遇到相关的机会、活动，总是第一个报名。"

服务他人，是他日常生活不可或缺的一部分。

他将这样的好习惯带入了大学。入学后，他加入了中文系团委公益部和学生会学术部。他说："加入团委和学生会，意味着我能和更多志同道合的同学们一起工作，形成合力，更好地服务他人。"

在团委中，他和公益部的学长学姐们一同策划了"领秀·寻光旅"灯塔义教。精心策划的活动既让听课的小学生们收获了学习的快乐，也让志愿者们在实践中增强了志愿服务能力和教学能力。虽然他自己没能走上讲台，但大家共同努力，组织活动，搭建平台，参与的志愿者和听课的小学生都从中受益。台上的志愿者们收获满满，台下的小学生欢声笑语，便是活动最大的意义。

在学生会中，他和学术部的同学们一起，立足中文系的培养要求，举办了古文指导讲座、经验分享会等活动，服务同学们的学业发展，解决不同年级学生的"急难愁盼"。

在大学的第二年，他竞选成为中文系学生会主席团成员，意在更高的平台服务更多的同学。"这意味着大家对我的信任，也意味着更大的责任，这督促着我不断提升自己的服务能力，更好地服务大家。"吴昊宇如是说。

习近平总书记在庆祝中国共产主义青年团成立100周年大会上指出："奋斗是青春最亮丽的底色，行动是青年最有效的磨砺。"吴昊宇在老师的指导下，与其他学生会伙伴们共同努力。"郁文互助坊""中华传统文化节""行健"运动会……从策划到现场，从需求到实践，他始终奉献着、服务着，为即将迎来百年华诞的中文系奉献一个又一个小而精、小而美、小而实的特色活动。

在大家的共同努力下，中文系学生会获评"2023—2024学年中山大学优秀学生会"，为百年中文增添了青春荣誉。"路漫漫其修远兮，吾将上下而求索"，未来，吴昊宇将秉持初心，在为他人服务的道路上不断求索，继续成长。

二、全面发展，青春远航

“彭玉平老师在我们入学的师生见面会上曾说：‘这里有陈寅恪、岑仲勉走过的路，有容庚、商承祚吹过的风’。即将迎来百年华诞的中文系，承载着丰厚的人文传统和学术积淀，诞生过无数学术名家，与他们跨时空地同处一个空间，我倍感荣幸与振奋。今天，这里有精于学术、达于育人的老师，他们勤奋耕耘，传道授业解惑，因此，我很珍惜在这里学习的每一天。”吴昊宇说道。

在做好大量学生服务工作的同时，吴昊宇也未曾贻误学业，他在大一经过考试筛选，进入英语A班，并以优秀的成绩在一年内通过了大学英语四级、六级考试；在2022—2023学年，其综合测评排名第一，获得中山大学优秀学生奖学金一等奖。作为古文字强基班的学生，他对出土文献与古文字研究十分感兴趣。他积极学习专业知识，努力探寻汉字的源头和中华优秀传统文化的根脉，在2024年大学生创新创业训练计划中，他申报的“安徽出土青铜重器铭文集释”项目，也成功获得校级立项。

吴昊宇谈道：“古文字研究需要长时间的积淀，研究者们往往‘用力多而成功少’，范常喜老师也曾在采访中说，古文字研究‘十年未必能磨一剑，出点成绩十分不易’，这些话警醒着我要更加努力。”

在学习之外，吴昊宇还不断磨砺个人技能，追求更多维度的发展。他利用课余时间，考取了普通话二级甲等证书，并大胆地展示自我，在中文系2021级百篇古文背诵大赛、“墨香百年，文载新章”中文系2024年新年晚会等活动中担任主持人；在“声声传情，生生不息”知名校友采访活动中，吴昊宇牵头组织了采访小组，采访黄卓坚校友（中山大学中文系1980级学生，曾任《广州日报》常务副总编辑），撰写访谈实录《从中大到广州日报——声声传情，生生不息》并发布于“中山大学中文系”微信公众号。“中文系有许多优秀的系友，他们是我们的好榜样，借这次活动的机会，我们结识了黄卓坚老师。黄老师履历丰富，见识广博，待人亲和，与她交流，我们采访小组的每个人都获益良多。”在活动中，他的交流能力、组织协调能力也得到了提升。

“人生万事须自为，跬步江山即寥廓”，百年中文正风华，中文学子正青春。未来，吴昊宇将继续砥砺奋进，追求卓越，不断提升自己的学习力、思想力、行动力；同时，全心全意为同学服务，团结凝聚身边同学踔厉奋发、勇毅前行，共同书写新时代中文人的青春篇章，为百年中文增光添彩！

本文写于2024年6月20日

心之所向，一苇以航

个人简介

叶海歌　女，汉族，2004 年 8 月生，河北张家口人，共青团员，中山大学中文系汉语言文学专业 2022 级本科生。现任中山大学中文系学生会文娱部第一负责人、中山大学公益教育协会策划部第一负责人，曾任中山大学新闻中心新闻部干事、中山大学中文系辩论队队员，曾获中山大学优秀学生奖学金二等奖。

从兴趣出发，坚持走到底，对内卷说“不”！考取中文系是叶海歌在中学时就定下的目标，她从小就热爱文字，梦想有朝一日成为一名传道授业解惑的语文老师。所以，读中文系，对她来说，是梦想成真。还记得第一次踏入中文系，她一眼就被中文堂旁边鲁迅先生的雕像吸引了，他那锐利而深邃的目光似乎能穿透时光，激励着一代又一代的学子。中文堂古色古香的建筑散发着悠久的历史气息，绿叶摇曳，阳光透过叶缝洒在地面上形成斑驳的光影。里面的学子们或捧书阅读，或低声讨论，他们专注的眼神中闪烁着对知识的渴望，手中的笔不停地舞动着，记录着思想的火花。这一幕给了她很大的触动。所以自大一入学起，叶海歌就给自己制订了明确的学习目标与详细的学习计划，在这两年的学习生活中，她不断温故知新，不骄不躁，稳步前行，成绩始终名列前茅。

自进入中文系以来，她就积极参与中文系的各项活动，成为“活动达人”，与同学们一同点燃校园激情！从刚入学的军歌大赛、中秋晚会，到之后的新年晚会、朗诵比赛、戏剧比赛、辩论赛等到处都能见到她活跃的身影。她常说，“相较于比赛结果，我更看重过程中的欢笑和成长”。她的努力和热情也让她收获满满。在“戏台意象”戏剧展演比赛中，她荣获优胜奖；在中山大学中文系 2022 级古诗文朗诵大赛中荣获二等奖；在大一寒假期间，她作为辩论队的一员参加了第二届“灵清杯”网络辩论赛并荣获冠军。她始终用自己的故事书写着活力四射的青春篇章。

全心投入组织生活，争当“红色榜样”，坚持与党同行！自入学以来，她一直积极向党组织靠拢，在大一上学期就提交了入党申请书，并在大二下学期成为入党积极分子，参加第五期“青马学堂”培训课程并顺利结业，扎实的理论学习夯实了她作为共青团员的鲜明底色。同时，她积极投身各种公益活动，勇担社会责任，以实际行动践行社会主义核心价值观。在疫情期间，她主动参与小区防控等志愿活动。在公益教育协会工作期间，她积极参与各种支教活动的策划与执行。大一期间，她策划了“妙语生花”公益支教活动，通过讲故事的方式将中大学子与农村孩子联系在一起，让孩子们看到更多彩的世界，后又协助策划开展了“解忧杂货店”“云寄锦书”“大山里的艺术馆”“梦想大老师”等义教活动。在每一次志愿服务和社会公益活动中，她都坚守正确的价值观念，用积极的态度为他人提供帮助和服务。她的身影如同那一抹温暖的阳光，照亮了乡村孩子们前行的道路，也照亮了自己心中的善良与坚定。她的故事，是关于爱与奉献的美好篇章，也是青春的美好注脚。

叶海歌工作认真，热心帮助同学，是同学圈里的“暖宝宝”。她曾担任中山大学中文系学生会文娱部干事、中山大学中文系新闻中心新闻部干事，现任中山大学中文系学生会文娱部第一负责人。在学生会工作期间，她组织开展了“中山大学校园歌手大赛中文系初赛”“中山大学老教授协会‘贺中秋、迎国庆’联欢会”“墨香百年，文载新章”中文系新年晚会，以及“以身藏卷帙，寿华与书同”龙婉芸先生百岁华诞庆典、“戏台意象”戏剧展演比赛等大型文娱活动。老师眼中的她，能干细心；学弟学妹眼中的她，温柔贴心；同学眼中的她，热情负责。工作时，她对待每一个细节都一丝不苟，每次任务都能做得妥妥帖帖，让人放心。而私下里，她又能和大家打成一片，她的笑声和热情总能感染周围的人，让团队的氛围更加融洽。这些活动不仅极大地丰富了她的课余生活，让她的大学生活多姿多彩，更拓展了她的知识视野，让她的人生体验更加丰富。

热爱生活，争当“六边形战士”，不断解锁人生的多重可能性！课下的她，生活多姿多彩，旅行、摄影、唱歌、运动样样不落。作为一个北方人，来到广州的这两年，她利用空闲时间探索周边城市，如江门、深圳、珠海、惠州等地，去亲身感受当地的风土人情和独特文化。课余时间，她还玩转自媒体，经营自己的小红书账号，学习剪辑、图像处理等新技能，不断提升自己的能力。她用自己的经验和知识，为高中的学弟学妹们答疑解惑，成为他们可靠的引路人。她乐观的生活态度和积极进取的精神，让她在解锁人生多重可能性的道路上越走越远。她的故事是关于热爱生活、勇于探索的美丽篇章。她是生活中的探险家，也是自我成长的勇者，她的每一天都在书写着属于自己的精彩传奇。

“心之所向，一苇以航”，她保持着对生活的热爱，努力前行。她深知前方会有无数的困难和挑战等待着她，但她始终坚信，“Always face the sunshine, and the shadows will be cast back.”（永远面朝阳光，阴影将被甩到后面）。她将继续在砥砺奋进中锤炼自己的本领，在青春的舞台上绽放光彩。她的故事，是关于坚持与努力，是关于探索与勇敢，是关于奉献与热爱。无论未来道路如何曲折，她都将怀着一颗永不放弃的心，迎接每一个挑战。在中文系的大家庭中，她将继续成长，继续闪耀，用青春书写属于她的精彩篇章！

本文写于 2024 年 6 月 18 日

中文力量与新媒体浪潮的碰撞生辉

个人简介

周皓宸 汉族，2004年9月生，安徽宣城人，共青团员，中山大学中文系汉语言文学专业2022级本科生。现为中文系2022级甲班班长，曾任中山大学团委新媒体部骨干，曾为中山大学记者团成员，是多篇中山大学微信公众号文章的撰稿人。广州夜倾晨科技有限公司创始人，曾获凡岛投资wteam校园创业投资。曾获中山大学优秀学生奖学金二等奖等。

一、初识文字的魅力

周皓宸来自安徽宣城，一个自小就对文字有着浓厚兴趣的年轻人。幼年时，他在家中书架上的文学作品中找到了一片属于自己的天地。鲁迅的锐利、老舍的幽默、朱自清的细腻，这些文字深深地吸引了他。尽管时代在变化，但他始终相信，文字的魅力是永恒的。

进入中山大学中文系，是他对文字热爱的一次重大选择。这不仅是对过去岁月的承载，更是对未来无限可能的探索。初入大学的他，带着对文学的憧憬和对新生活的期待，开始了新的征程。

二、用中文功底提升校园传播能力

一进入大学，周皓宸便迅速融入了校园生活。他不仅在学业上表现优异，还积极参与各种社团活动，尤其是加入了中山大学校团委新媒体部和中山大学学生记者团。作为中文系的学生，他深知文字的力量，但他也意识到，在当今信息化时代，如何利用新媒体平台传播和展示文字的力量，是一个新的挑战。

在校团委新媒体部，周皓宸的工作是多样的。他负责微信公众号的运营，包括文章的撰写和编辑工作等。每一篇推文的背后，都有他夜以继日的努力。从内容策划到文字斟酌，再到图文排版，每一个细节他都精益求精。他明白，文字不仅要有内涵，还要有吸引力，才能在信息爆炸的时代抓住读者的眼球。

然而，他的自媒体的成长之路并非一帆风顺。在校团委新媒体部和记者团的工作中，他也遇到了不少困难和挑战。在参与周年校庆的策划、许晔医生的采访等工作过程中，采访稿和推文的撰写经历了几十次的推倒重来，配图不当、用词不妥都会被严格批评。“我当时真的很难过，觉得自己的努力没有得到应有的认可。”周皓宸回忆起那段经历时说道。但他并没有因此放弃，而是选择直面问题。他耐心地与批评者沟通，解释报道的初衷和立场，并在后续的工作中更加注重报道的客观性和全面性。这让他成长了很多，也让他更加坚定了在新媒体领域继续前行的决心。

三、从校园走向新媒体创业

周皓宸不仅在校园内积极探索，还在新媒体领域开辟了自己的天地。他创办了广州夜倾晨科技有限公司，专注于孵化自媒体博主。目前，公司旗下的博主全网粉丝量已达到百万级，获得了凡岛投资 wteam 的校园创业投资。

创业的道路并不平坦。在公司成立之初，他和他的团队面临资金不足、资源有限的困境。为了节省开支，他们经常加班到深夜，有时甚至在办公室里度过几个不眠之夜。面对这些困难，周皓宸并没有退缩，而是迎难而上，凭借自己对新媒体的敏锐洞察和不懈努力，逐步将公司发展壮大。他认为，新媒体的浪潮为文学和传播提供了前所未有的机遇。作为中文系的学生，他深知文字的力量。而新媒体为文字提供了更多的展示平台，让文字的力量得以更广泛地传播。他希望通过自己的努力，将文学的魅力带入新媒体，让更多人感受到文字的力量和美好。

经营新媒体公司，他一直坚持一个理念——内容为王。他认为，无论时代如何变化，优质的内容始终是吸引读者的关键。他鼓励团队成员不断提升自己的文字水平和创意能力，制作出更多有深度、有温度的内容。同时，他也注重团队的多样性和创新性，鼓励大家在工作中大胆尝试，不断突破自我。在中文系的学习中，周皓宸对文学的理解和热爱不断加深。他认为，文学和新媒体并不是对立的，而是可以相互融合、相互促进的。他说："文学作品中的情感和思想可以通过新媒体更加生动和直观地展现出来，而新媒体的互动性和广泛性也为文学提供了更大的传播平台。"

展望未来，周皓宸充满信心和期待。他希望自己能够继续在文字和新媒体领域中深耕，不断提升自己的能力和影响力。也希望能够带动更多的中文系学生，让他们认识到新媒体的价值，勇敢追求自己的梦想。面对繁忙的学业和创业，他始终保持着平衡。他深知，学术研究是创业的基础，而创业实践则是学术研究的延伸和应用。在课堂上，他认真听讲，积极参与讨论，不断提升自己的文学素养和写作水平；在创业中，他将所学知识应用于实践，不断探索新媒体的可能性。这种学术与创业的平衡，让他在两个领域都取得了优异的成绩。他曾获得中山大学优秀学生奖学金二等奖，这是对他学业努力的肯定；他创办的公司获得了凡岛投资 wteam 的校园创业投资，这是对他创业成就的认可。这些成绩的背后，是他对文学和新媒体的热爱与坚持。

他用自己的行动证明，文学与新媒体并不是对立的，而是可以相互融合、相互促进的。他希望更多的中文系学生能够认识到新媒体与中文学习结合的价值，勇敢追求自己的梦想。

本文写于 2024 年 6 月 19 日

与古为徒，其乐无穷

个人简介

毕然 汉族，1997年5月生，山东曲阜人，中共党员，中山大学中文系汉语言文字学2022级博士研究生。曾任中文系博士研究生第三党支部副书记，曾获校长奖学金等。

一、绝学传薪:“功夫茶”与“不挑食”

2022年9月，甫一入学，毕然就收到了导师陈伟武教授“茶叙”的邀请。这种用功夫茶“泡”出来的学问授受方式，是延续已久的师门传统。在一次次洗盏坐杯的过程中，学生的疑问可以得到及时有效的反馈，不仅学到了很多课上未必会讲到的知识，也增进了师生情谊。

毕然的博士研究方向为古文字，“有什么就写什么”，是导师陈伟武教授耳提面命的教导。所谓“有什么”，就是有几分材料。古文字学是植根于古文字材料的学问，熟悉原材料是每一位古文字学者的基本功。入学后，通过古文字研究所举办的“读简会”和“战国文字研究”“甲骨文字研究”等课程，她对材料逐渐有了熟悉度和敏感度。

“不挑食”是范常喜教授在“古文字学前沿”课上对所有学生的要求。这门课程的授课方式是阅读近年最新的古文字研究论文，每名学生主讲一篇，而其他学生也要对他人主讲的论文进行评点。不论是主讲还是评点，任务都不轻松。主讲人不仅要把文章的观点讲清楚，更要补充材料、发现问题；而评点也需要以文章为根据，切忌“跟着感觉走”。不论这篇文章是不是自己的主攻方向，甚至有的会涉及其他人文学科，有的会含有编程公式，大家都要迎难而上。点评时，不因作者是名家而盲目信从，也不因学科隔阂而先入为主，是范常喜教授所恪守的原则。通过这门课程，所有学生都受益良多。

“饮”“食”之间，是老师们将学问作为一种生活方式的言传身教。不论是授课老师，还是在中文堂偶尔照面的老师，他们深厚的学养和从容的心态都令毕然深感钦佩，指引着毕然的问学之路。

二、科研助学：给知识库“打补丁”

在研究所的老师看来，教学和科研相辅相成、并行不悖。老师们主持的“战国文字诂林及数据库建设”“战国文字研究大数据云平台建设”等国家社会科学基金重大项目已投入运作，毕然得以参与科研团队，接触学术前沿与学界动态。利用这样的机会，毕然可以尽早地进入研究角色。与平时聚焦于某个点的学习方式不同，数据库的字头数以万计，覆盖面更广。在博士阶段已鲜有以考试形式来检验所知所学，而解决一个个具体问题的过程也就是给自己的知识库“打补丁”的过程。

除参与科研项目外，毕然还担任了“汉字源流”本科课程的助教，在研究所举办的“积健”读书会担任领读等，为本科学弟学妹们答疑解惑，这些都促进了其知识迭代与更新。

三、追慕先贤：饶学研习

2023年暑期，毕然参加了由中山大学饶宗颐研究院、广州市饶宗颐学术艺术馆和“古文字与中华文明传承发展工程”协同攻关创新平台联合主办的“饶宗颐与中华文化传承——第四期饶学研修班”，听取了陈春声、李焯芬、陈平原等多位学者就饶宗颐教授在学术研究、艺术创作、文化传承等方面的贡献所做的专题讲座，参与读书交流与实地考察。课后，她撰写了学习心得《饶宗颐梵学研究成就略述》，重点精读饶宗颐先生《梵学集》中关于中印古代思想文化比较、梵汉接触与语言学研究相关内容。饶公业精六艺，成就多方，虽短短几日不足以领略其学问之神髓精义，亦终有所获。

四、问学之外

2023年2月至2024年5月，毕然担任博士生第三党支部副书记。工作繁杂琐碎，有不少内容此前她并不熟悉。通过和其他支委、兼职辅导员及党支部书记及时沟通协商，并在具体的工作内容中不断学习，她逐渐理解了如何更好地为支部服务。

学习与工作之外，她偶尔参加中山大学武术协会的太极训练以强身健体，有时也会早起打八段锦，或与同学相约打球。她调侃自己是“‘菜’但有瘾”，很多项目都乐意尝试，但无一精通。兴之所至，也会和朋友徒步翻越五个山头；然而生活中绝大多数时候都在践行“室内养生”。

五、结语

“观水有术，必观其澜；日月有明，容光必照焉。”这是毕然对学业的自勉和追求。而在中山大学中文系受学的点点滴滴、师友们的敦促鼓励，正是这一切的来源和底气。

本文写于2024年6月20日

最好的方向就是心之所向

个人简介

梁倩怡 女，汉族，1999年6月生，广东江门人，中共党员，中文系汉语言文学专业2018级本科生，语言学及应用语言学方向2022级硕士生。中山大学第二十六期马研班成员、中山大学99周年校庆日爱国主义教育活动学生代表。大学期间获得国家奖学金、中山大学优秀学生一等奖学金、中山大学光大升学深造奖学金、研究生二等奖助金等奖项，获评中山大学优秀共青团员、中山大学二星级志愿者、中山大学勤工助学先进个人等荣誉称号。

一、“做相信是对的事”

2017 年夏天，梁倩怡怀着憧憬来到了美丽的康乐园，正式成为一名中山大学本科新生。然而大半年后，高中学理科、大一也在理科院系就读的她做出了一个让身边的人意料之外却又情理之中的决定：转专业到中文系。或许是从小爱读书和写作在心底埋下的种子，中文系对梁倩怡有一种神秘而强大的吸引力。于是，她听从内心的声音，报名了转专业考试，她与中文系的故事也随之拉开帷幕。

在中文系，梁倩怡人生第一次竞选成为班长，并且在 2018 级本科乙班班长的岗位上一干就是四年。回想起当时上台竞选的原因，她称是“因为想锻炼自己，所以一冲动就上去了”。如果说转专业是一件梁倩怡“相信是对的事”，那么深度参与学生工作就是另外一件。担任班长让她迅速提升了自己的办事效率和人际交往能力。很快，她又陆续争取并尝试了不同类型的学生工作，经历丰富。从校学生会南校园执行委员会学术部干事到学术部负责人，她策划学术活动、运营特色栏目；加入中文系新闻中心采写组，她直击活动现场，学习写作新闻报道；自成为中共正式党员起，她主动承担党支部支委责任，先后担任中文系本科生第二党支部宣传委员、副书记及硕士研究生第三党支部宣传委员、副书记，圆满完成党组织交代的多项任务。除此之外，梁倩怡还分别在中文系教务办公室、校人才办、校友基金会担任过学生助理，协助办公室老师完成文件整理、会议记录、资料收集、文案编辑、会务工作等任务，两获“中山大学勤工助学先进个人”称号。学生工作见证着梁倩怡的自我成长，让她收获了实践经验、工作技能和志同道合的伙伴，使其大学生活更充实、更丰富、更有意义。

二、“想，全是问题；做，才有答案”

2018 年至今，梁倩怡在中山大学中文系的求学路一晃已走到第七个年头。“想，全是问题；做，才有答案。”在尚未明确未来的方向时，梁倩怡便先在学业上稳扎稳打。在每学年的学业成绩排名、综合测评排名中，她均位居年级前 10%，曾获国家奖学金一次，中山大学优秀学生一等奖学金两次、二等奖学金一次。确立了在语言学专业深造的目标后，梁倩怡也顺利取得了保研资格。在学术发展上，她更是稳中求进，积极接触了语言学的多个分支领域。梁倩怡主动学习掌握国际音标认读，实验语音方法，方言学基础知识、研究方法及技术手段，独立完成多项田野调查和语音实验；接触高密度脑电、眼动、近红外等实验仪器和数据处理，跟进儿童语言采集评估和数据标注工作，参与建设数据库；作为主要成员参与中山大学大学生创新创业训练计划项目“基于广州话互动话语语料库的老年人语言研究”，建立广州老年人粤语互动话语语料库，并将音频转写为文本，对音频进行切分、降噪、归类等处理，最终整合成可供检索的网站，同时基于语料库对老年人交际过程中的言语特点进行研究，探讨老年人言语交互的相关问题，产出相关研究论文，项目最终评级为优秀。这些为她在语言学领域继续深造打下了坚实的基础。为提升对语言的理解和运用能力，梁倩怡还在中山大学外国语学院辅修翻译专业，并以优秀的成绩结业。

“纸上得来终觉浅，绝知此事要躬行。”学业之外，梁倩怡还参加了许多实践活动，累计参与志愿服务活动时长超过 400 小时。“赠人玫瑰，手有余香”，在公益实践中，她收获了真情、快乐和幸福，同时也开拓了眼界，坚定了继续服务社会和帮助他人的决心。梁倩怡将公益活动与中文人的专业素养和使命担当结合起来。曾担任“蓝信封行动”“心灵火炬”活动通信大使，与山区孩子通信，用文字传递温度和力量；连续三年参与“声・援”公益活动为盲童录制有声书，为爱“发声”；参与扬帆支教活动、美丽中国陪读活动、“海珠志爱餐”独居长者探访活动、广州话互动话语调研、“情系凤庆，文以铸梦”义教活动等。她在公益实践中将文学和语言学知识落到实处。

最好的成长方向就是心之所向。能在中文系自由、包容的氛围下成长，去做想做的事、成为想成为的人，是幸运的，也是幸福的。时间如白驹过隙，不知不觉中梁倩怡在中文系的求学之路已近尾声。但在中文系听过的所有课程、讲座，看过的书籍，聆听的教诲和亲历的实践都给予了她大量的养分，提醒着她要肩负起“铁肩担道义，妙手著文章”的使命，始终保持谦逊的态度、开放的眼界格局、踏实的行事作风，以及常怀感恩之心、常怀一双发现美的眼睛；并激励她以所学回报社会，以实干建设未来，牢牢把握自己人生发展的主导权，增强家国情怀，以中华民族复兴为己任，树立远大理想，用自己的智慧和力量为国家和社会做出一份贡献。

本文写于 2024 年 6 月 21 日

在路上，探寻无限可能

个人简介

施梓铃　女，汉族，1999年5月生，福建泉州人，中共党员，中山大学中文系2018本科生，中国现当代文学专业2022级硕士生。在校期间，曾任中文系学生会秘书部负责人、系刊主编、中文系研究生会学生骨干、中文系乙班宣传委员等。曾获广东光大奖学金，连续三年获得国家奖学金，连续四年获得中山大学优秀学生一等奖学金，多次被评为中山大学优秀共青团干部、中山大学优秀共青团员、中山大学勤工助学先进个人、中山大学星级志愿者等。

一、学海求索，终有所获

回顾过去的学习生涯，施梓铃认为中文系丰富的课程使自己体验到了多种可能性，为自己打开了一个广阔的世界的大门。在转入中文系后，她用心地在语言文学的各个领域探索，既沉迷于古今中外的文艺世界，进行文学创作与评论，又对语言、文字乃至古典文献萌生兴趣，关注方言的传承与发展。对语言文学多领域的认真学习，使施梓铃每学年的成绩均位列年级第一，但也让一向不擅长做决定的她在大三选择升学方向时深陷迷茫，不知如何选择更能发挥个人所长的专业方向。最终，施梓铃选择了中国现当代文学，因为在她看来，借助众多现当代文学作品，我们既可以透视历史变迁、感受“人”的力量，也能够在学理性的思考中与前人对话，将当下的生命体验与历史融合在一起，进一步去体察人生、观照现实。

随着身份的转变——从一名本科生成为研究生，施梓铃也更深刻地意识到，学术山高，在学术道路上，我们不可避免地会面对许多困难与挑战。如何从浩如烟海的已有研究中挖掘新意，如何发现一个真正的学术论题，这些问题都曾令施梓铃深感困扰。但她还是尽己所能地进行一些学术尝试，参与学术会议，关注学界的前沿议题，并就论文写作与老师们进行交流。

如今，在已明确未来发展道路的施梓铃看来，多年的学术训练给予她的最宝贵的财富，并非智识上的增长，而是人格的成长、理性思维与逻辑能力的提升。施梓铃提到，许多作家伟大的人格，指引她逐渐养成一种谦逊的心态，更清楚何为责任、何为担当；而沉入史料、静心阅读，也磨炼了她的心性，使她能够在快节奏的信息时代“慢”下来，更冷静、更平和，远离无序的“狂欢”。施梓铃认为：“不论我们是否选择以学术研究为志业，我们或多或少都能在中文系的学习中收获一种广阔的视野，并逐渐培养出坚定的精神内核，从而更勇敢地走向广袤的大地、多元的人群。”这也正是她对自己未来的期许。

二、在学生组织中收获情谊与成长

施梓铃谈到，自己喜欢接触不同的人群，享受与他人交流时所产生的思想火花，因此在本科与研究生阶段都加入了不少学生组织。这些学生组织不仅让施梓铃初步体会到了不同工作的特性，锻炼了个人能力，更使她收获了许多珍贵的情谊，感受到真诚待人的意义。

对施梓铃来说，最难忘的当属在中文系学生会秘书部度过的时光：“我热爱阅读、喜欢美术。在秘书部，我结识了许多志同道合的朋友。我们一起编辑文学杂志《在水一方》、迎新刊物《薪火》，从策划、选文到美编设计，每一步都由我们自己完成。每次杂志印出来时，拿在手上，都令我感到满满的喜悦。”秘书部的经历构成了施梓铃文学生活的一部分，在大学阶段，施梓铃参与了不少省级、校级征文比赛，并最终取得名次，也曾有过近十篇文学作品于校级、系级刊物上发表。同时，秘书部的工作也使施梓铃熟练掌握了图像处理软件——AI、PS 的操作技能，使她能够借助电脑软件进行平面设计、发挥个人所长，多次帮助师长、校外学术机构设计海报，不断拓展个人边界。

当然，学生工作中还有许多烦琐的内容，但这也让施梓铃跳出了自己的舒适圈，学会对上、对下进行沟通协调。在校期间，施梓铃参与筹办了许多活动，从迎新、开学典礼、毕业典礼等服务于中文系学生的重要工作，再到广东省原创文学大赛等大型活动。施梓铃与工作伙伴们在前期进行策划、协调，在活动期间落实各个细节，以保障活动的顺利进行。正是在这些活动中，施梓铃更深刻地体会到何为团队的力量，也明白了一些工作看似简单，实则牵涉面广、细节繁杂，考验工作人员的耐心、细心、责任感与严谨程度。“学生工作使我的大学生活更为丰富充实，为我日后走向社会做了铺垫。”施梓铃如此总结道。

三、走出书斋，体察人间百态

在施梓铃看来，任何人都不可囿于书斋，应当主动去见识“象牙塔”外的人间百态。于是，在课余时间，施梓铃喜欢走出“附近”，漫步于各个城市的大街小巷，也常活跃于校内外许多公益服务与实践活动之中，至今累计公益服务时长近 400 小时。疫情期间，施梓铃参与了许多防疫志愿活动，不仅进行线上服务——搜集物资信息并及时反馈市民需求，也曾主动担任志愿者，做好餐食派发、物资调配等工作。对施梓铃来说，许多事情虽然微不足道、效果有限，但倘若自己的行动能在当时给他人带来一点帮助、传递一些善意，便足以令人欣喜。

丰富的志愿活动不仅意味着视野的拓宽、能力的提升，也帮助施梓铃进一步摸清了未来发展的道路。施梓铃参与过“领秀·寻光旅”灯塔义教、“五点课堂”、“美丽中国”陪读项目等不少教育类公益活动，曾陪伴河源市新镇小学的学生一起阅读，带领学生参加阅读比赛，也曾辅导云南凤庆的学生进行高考志愿填报，并为外来务工子女解决学习疑难，帮助他们挖掘自身潜能。在这些活动中，施梓铃体会到奉献爱心、传播温暖的纯粹的快乐，了解了不同群体的需求与困难，也对教育之力量与不易产生了更真切的认识。而与来自远方山区的、不同年龄段的孩子们的通信，既使施梓铃增添了许多书本之外的见闻，让她更加明白成长过程中陪伴与关爱的重要性，也令她想起了从前的自己。施梓铃说："同一年龄段的人会面对许多相似的烦恼，我在中小学时期也曾一度陷入焦虑与迷茫。因此，作为过来人，我希望可以尽力去帮助更多青少年，使他们感受到更多温暖与关怀。"

至今，施梓铃已在中文系度过了六年的时光。这些年在各方面的探索使她认识到，所谓"成就"并不是最重要的，只有拓展边界、不断发现新的自我，才能体会到人生更多的意义。明年，施梓铃将要离开校园。对于未来的旅程，她希望自己能够永远"走在路上"，去探索，去碰撞，去慢慢欣赏沿途的风景，去发现人生的无限可能。

本文写于 2024 年 6 月 20 日

修进自我，服务集体

个人简介

文楠 女，汉族，2000年10月生，陕西横山人，中共党员，中山大学中文系中国古代文学方向2022级硕士研究生。曾为中山大学中文系研究生会成员，曾任中文系硕士研究生第一党支部纪检委员，现任中文系硕士研究生第一党支部副书记，曾获中山大学研究生一等奖助金。

一、坚定学习古代文学，从经典作品中汲取力量

文楠一直很喜欢纯粹的文字阅读，她认为纯文字阅读能提供开阔的个性化想象和理解空间，阅读者能以个体经验参与构建文字所描述的情节与场景，获得独属于自己的阅读体验，这是个体与世界碰撞并建立联系的一种有意思的方式。她很荣幸自己能在中文系学习，能在自己喜欢的领域度过美好的研究生时光是一种莫大的幸福。

在本科阶段尝试探索了汉语言文学专业中文艺学、语言学、比较文学等多种方向后，文楠最终坚定地选择中国古代文学作为自己在硕士研究生阶段学习的方向。从迷茫尝试到执着追求，中国古代文学的深刻智慧与艺术魅力深深吸引着她。“大学期间我经常觉得对自己很陌生，离开了中学每天挤时间、高强度学习的状态，拥有大量可支配的时间，能自由地去做多种多样的事情之后，我的行动力和规划性好像越来越差，在缺乏明确目标与正确指导的情况下，性格中惰性与悲观的部分膨胀放大，在学习和生活中许多事情都达不到自己想要的结果，很多时候都不知道自己想要的是什么，但觉得我又一次没有完成好一项任务。”

前行途中迷雾重重，但在迷茫中也不能停下步伐，古代经典作品给予了她指导与力量。在研读《荀子·解蔽》时，荀子的“养心”思想给了她很大的启发。荀子认为，人要将外在之道内化于心，应当有“虚壹静”的个体修养，要能在现有积累的基础上不断接受新的认知，要能取舍整合、专注于一，要能沉稳平静地探求事物的本质，最终将不受蒙蔽而做出正确的判断。持续学习新知不固步自封、专注当下不取舍不决、沉静平和不焦虑畏惧，这是文楠从“虚壹静”中得到的重要指导，也让她认真审视并体悟到古代经典作品中的智慧与魅力。

“不慕往，不闵来。无邑怜之心，当时则动，物至而应，事起而辨”，这是《荀子·解蔽》中文楠觉得很适合指引自己的箴言。“对于较为悲观的完美主义者来说，当下和现实是有些模糊的概念，我可能对逝去的时间有追怀，对未知的不确定性有恐惧和期待，而在当下往往是彷徨并拖延不前的。”在读到荀子千年前的思想时，文楠觉得她找到了能有效解决内心迷茫的指导。“我需要为自己找到物安其时的平衡感与节奏感。往日时光不可追，做好总结就翻篇吧；当下是我真实存在的状态，我应该认真清晰地面对现在，及时完成该做的任务，不过度为未来做准备，也不过度感怀昨日；未来的事情交给未来，要做好规划但不要提前忧虑，更不能被负面情绪裹挟自己降低

现在的行动力。一步一步地行动起来，结果总不会差的。”荀子之言指向平静充实的内心，能肯定自己当下的所作所为，以坚定平和之心前行，这是文楠希望自己能逐渐达到的状态。

文楠觉得在研读古代经典作品、探索先贤思想时，她也在与自我对话，在多重思维的碰撞中不断认识自己，接纳自己，并对自己有新的期待。因此，她很坚定地选择在硕士阶段继续研究古代文学，并在两年来的学习中收获颇丰。

二、充实提升自我，更好地服务集体

《荀子·不苟》篇指出，“君子养心莫善于诚”。认知“道”而不受蒙蔽并不是养心的终点，本心达到“诚”的境界，内心认可并向外实践“道”才是养心的终极目标。文楠意识到先贤在强调充实提升自己并向外实践的重要性，提高自身的认知与实践能力才能更好地在群体中发挥积极作用。自我提升并不是个人努力的终点，能够以不断进步的自我来为集体和社会服务才是个体奋斗的目标。在时间和精力较为充足的研究生阶段，文楠积极报名竞选成为中文系硕士研究生第一党支部（下简称“硕一党支部”）支委会成员，希望能在此岗位为支部建设做出贡献。

2019 年，文楠有幸成为建国七十周年群众游行“立德树人”方阵中的一员，能挥舞着旗帜走过天安门为祖国母亲庆祝七十岁华诞，文楠觉得这是她生命中值得骄傲与珍藏的光荣时刻。在方阵训练期间，文楠就向党组织递交了入党申请书，之后通过党的培养与考察，她很荣幸地成为一名中共党员。进入中山大学中文系学习后，文楠成功当选硕一党支部纪检委员，在研二时成为硕一党支部副书记，负责协助党支部书记开展支部日常工作。

担任支委时，文楠一直希望提升自己的工作能力，更好地建设硕一党支部。她努力熟悉党员发展各阶段的流程及要求，及时解答同学们关于入党发展的各种问题，鼓励同学们积极进步，主动向党组织靠拢；认真计划支部的组织生活，创新支部理论学习方式，主动探寻适合支部实践考察的学习基地，将理论学习与实地考察结合起来，丰富组织生活的形式；积极学习其他支部分享的优秀经验，结合本支部的具体情况运用到各项工作中，切实提升工作效率。文楠希望通过自己的努力使支部事务更加简洁化、高效化，使大家更积极主动地参加支部的理论学习与实践活动并有更多收获。

文楠认为在中文系求学的时光中，她一直在努力地认识自我、了解自我、提升自我，并努力以积极前进的状态为集体服务。前方的路漫长且充满未知，文楠希望自己能以坚定平和的心态一步步地完成好当下的事情，不沉溺于过往，不畏葸于未来，坚定从容地稳步前行。

本文写于 2024 年 6 月 21 日

正青春，所以允许一切发生

个人简介

陈心如意 女，汉族，2004年7月生，新疆维吾尔自治区乌鲁木齐市人，共青团员，汉语言文学专业2023级本科生，辅修历史学。在校期间参加中山大学团委新媒体工作室、中山大学人文高等研究院、中文系团委组织部等学生工作，任2023级甲班团支部书记，获2023—2024学年校级优秀共青团员、“优秀通讯员”称号，获2022年优秀学生奖学金。

踏过百年的时空长廊，正值青春的我们，怀揣着无限的梦想与热情，驻足于中山大学这所百年学府之前，共同见证了中山大学的辉煌篇章，更深刻感受到了中文系独特的魅力与风骨。

“正青春，所以允许一切发生。”这句宣言如同青春的旗帜，在陈心如意心中高高飘扬。在百年中文这片热土上，她正以青春的姿态，迎接每一个挑战，探索每一个未知。中文系以其深厚的文化底蕴和独特的精神风貌，滋养着她的青春梦想，助力她以青春的热血和激情，书写属于自己的精彩篇章，为中华文化的传承与发展贡献自己的力量。

一、燃烧热爱，照亮青春

陈心如意是一名转专业学生，2022 年入学的她，为了奔赴自己一线记者的梦想，毅然参加了转专业考试，经过努力转入了百年中文系。同时，她也没有放弃原专业的学习，继续辅修历史专业，希望以历史学知识和研究方法助力汉语言文学的学习。

进入大学后，热爱对陈心如意的指引并不止于专业学习。中山大学丰富的学术资源为她的爱好和学习提供了广阔的平台，学术海报成为她走近学术的第一步。两年来，她坚持对标学术动态，精进海报设计技术，从学术讲座的倾听者到学术活动的宣传参与者，从院系活动到中山大学人文高等研究院的系列学术活动，从海报制作到纪要撰写……在越来越大的平台见证中山大学学术活动的发展，除了骄傲，她的内心更多了一份特别的责任感。

不止于学术活动，热爱也推动着陈心如意尝试更多的宣传工作和新媒体工作。她加入了中山大学团委新媒体工作室，在文案撰写和视觉设计方面不断尝试，曾负责撰写中山大学校庆文案等，获得较高点击量。

她始终相信，热爱是引领成长的第一风向标。在平台广阔的中山大学和文脉悠长的中文系，把热爱和学业有机结合起来，方能发光发热，照亮青春！

二、行之力则知愈进

“青衿之志，履践致远”，陈心如意始终以实践为先，不断在实践活动中服务社会、锻造自我。课余，她积极参加学生工作，任 2023 级本科甲班团支部书记，并且是系团委组织部成员。工作期间，她认真负责，敢于创新，组织的“岭南遥寄春，助学润疆情”书信助学活动获本系“一支部一品牌”建设优秀奖，获得支部团员一致好评。为了提升自己作为团支书的业务能力，她参加了中山大学第二届大学生讲思政课大赛，获得校级二等奖，作品被推选至深圳市参赛。

同时，作为一名共青团员，陈心如意积极向党组织靠拢，参加了校党委学生工作部第二十七期马研班，随班参加中山大学百年校庆“寻办学印记，探逸仙风华”校史育人实践项目并任组长，获评2023—2024学年校级优秀共青团员。

假期她也积极参加社会实践，获选参加“扬帆计划”大学生政务实习，曾在共青团新疆区委机关实习，负责文书、宣发和协调等多项工作，实习表现受到领导高度赞扬。

三、要做“世界永远的学生”

“六边形战士”是陈心如意经常收到的赞扬。但是她认为，与其说是“六边形战士”或者“斜杠青年”，她更想被称为“世界永远的学生”。她爱好广泛，乐于挑战自我，追求充实的生活。

她积极参加志愿活动，曾参加中山大学寒招、中国进出口商品交易会（下简称“广交会”）等，用实际行动诠释了中文系学子的责任和担当。她担任志愿者的活动还曾获评中山大学“我为同学做实事”优秀项目。

读万卷书，行万里路。闲暇时间，陈心如意愿意走在路上，她相信旅行是一次敲击，其声会在余生回响。旅行是她阅读世界这本书的方式，从西北到岭南，从博格达峰到白云山，在旅途中，她不断发现理论中的文学、史学知识，收获了受益终身的回忆。

除此之外，摄影、辩论、羽毛球、排球、栽培……都是她的爱好，她相信若要做“世界永远的学生”，就要不浪费一点一滴的时间，把青春化作探索世界的触角，从书本的阅读中、从师长的教诲中、从亲友的叮咛中、从永不止歇的脚步中，汲取力量不断挑战，发掘自身潜力，遇见无限可能。

陈心如意用自己的行动诠释了“正青春，所以允许一切发生”的青春理念，也展示了“世界永远的学生”的无限可能。在学习的海洋中，她不畏风浪，勇往直前；在实践的道路上，她扎根大地，茁壮成长。相信在未来的日子里，陈心如意同学将会继续书写属于自己的精彩篇章，为中文系的发展贡献更多的力量，用热爱和才华点亮青春，用实践和创新书写未来。

本文写于2024年6月21日

用奋斗奏响青春之歌

个人简介

范越 女，汉族，2005年10月生，河南新乡人，共青团员，中山大学中文系汉语言文学专业2023级本科生。现任2023级汉语言文学专业乙班班长，是中文系团委实践部成员、中山大学国旗班成员、中山大学招生志愿者协会媒体宣传部成员。曾获中山大学军训征文比赛三等奖，中山大学第一届大学生讲思政课大赛最具风采奖，中山大学“逸仙杯”传统武术锦标赛之功力大赛“扶杆正踢”项目第八名、“波比跳”项目第四名等。

2023年，范越以河南省文科644分，全省排名第480名的成绩进入中山大学中文系就读。在入学前，范越就填写了班委申请表，并在开学之后通过面试成为2023级汉语言文学专业乙班班长，在军训期间，她和其他班委一起带领同学们参加军训合唱比赛，从选曲、人员安排、排练到最后参赛都由她和其他班委、同学们自主负责，并最终获得三等奖。在2023年中秋节，她又和2023级其他班委们一起策划并成功举办了“如月而至，缘定中文”中秋晚会，获得了老师和同学们的一致好评。不仅如此，范越在平时积极履行班长职责，服务同学，如消息传达、班会策划、信息登记等。可以说，成为班长正式开启了她在中山大学的奋斗之路，用不懈奋斗奏响了属于她的青春之歌。

军训第一天，范越就被选入中山大学国旗班，军训期间她和国旗班其他成员们一起训练，即使每天下雨，他们的训练也没有一天中断过。经过不懈努力，她成功入选礼兵枪方阵，在军训总结大会上顺利完成表演。军训结束后，她每周坚持参与训练，担任2023级国旗班南校园副队长，负责处理国旗班南校园成员的相关事务，仅2023年秋季学期就已经在国旗班累计志愿服务75小时。2023年11月12日，范越和其他国旗班成员一起来到了中山大学东校园参与了校庆升旗活动，为中山大学的生日献出诚挚的祝福。在国旗班，她和一群伙伴因信仰相聚，因梦想坚持，因付出感动，一次次向国旗敬礼。

范越一入学就申请并通过了中文系团委实践部的面试，之后积极参与了系团委主办的各种活动。担任了团委全员大会的主持人，参与了“一支部一品牌”策划案的撰写、中文系“冬至饺子节”策划案的撰写，还作为“中山大学诗词大赛”和“书法室启动仪式”的现场工作人员协助开展活动。除此之外，她还积极参加中文系的许多志愿活动，如担任第四届“行健运动会”志愿者、2005级校友返校活动志愿者、中文系定向越野志愿者等，在志愿服务中她所收获的不仅仅是能力的提升，更是温暖和感动，看到自己的付出能给他人带来帮助，她由衷地感到幸福。

作为中山大学招生志愿者协会媒体宣传部的成员，范越积极投入中山大学招生宣传工作，致力于让更多同学和家长了解中山大学，爱上中山大学。在2024年中山大学寒招期间，范越担任了寒招志愿者的面试官和总结大会的引导员，在工作中，她认真负责，努力为寒招队伍寻找优秀人才。此外，她不仅担任甘肃队队管，对接甘肃队队长，还担任河南队秘书部负责人，统筹河南队的寒招工作，并回到自己的高中辉县市第一高级中学进行宣讲活动，获评2024年寒假招生宣传志愿者活动“优秀志愿者”。在寒招后期的总结大会上，她还担任了引导组志愿者。之后，她为“中山大学世纪华诞全国高中校长论坛”设计校长参观路线，并担任南校园参观讲解员。通过这些活动，范越对中山大学有了更深度的了解、更深沉的热爱，她以后还会留在中山大学招生志愿者协会，继续为中山大学的宣传工作尽自己的绵薄之力。

在思想政治方面，范越在自己 18 岁生日的第二天就提交了入党申请书，她热爱中国共产党，热爱伟大祖国，树立正确的人生观、价值观、世界观，积极向党组织靠拢，目前已经通过审核成为入党积极分子。范越作为中山大学中文系“青马学堂”第六期的学员，主动担任了第六组的组长，并带领组员共同努力，在第一次读书会中荣获优秀奖。在暑假期间，范越参加了“返家乡”社会实践活动，从 2024 年 1 月 23 日至 2 月 21 日，在“新乡市青年志愿者服务春运‘暖冬行动’”期间，她积极参与志愿服务活动，工作认真，表现优异，她每天早上六点半起床，坐一小时的公交车来到火车站，风雪无阻，最终被评为“优秀志愿者”，她在实践中厚植情怀，勇担使命，为家乡的发展贡献力量。

范越坚持全面发展，她参加合唱比赛，和室友们在中文系新年晚会上表演舞蹈。不仅如此，她还擅长播音主持，曾担任“奋楫有道”助学分享会的主持人。在 2024 年“戏台意象”戏剧展演比赛中，她和中文系的其他同学一起表演了《金陵十三钗》并荣获了第三名的好成绩。她在军训期间参加中山大学军训征文比赛获得三等奖，带领团队参加中山大学第一届大学生讲思政课大赛获得最佳风采奖。同时，范越也注重自身身体素质的提升，在大一她选择了“中国短兵”作为自己的体育课，并加入中大武术协会，坚持体育锻炼，曾荣获中山大学“逸仙杯”传统武术锦标赛之功力大赛“扶杆正踢”项目第八名、“波比跳”项目第四名。范越说：“在刚开始参加这些比赛时，我只是抱着试试的心态，没想到真的可以收获很多，在讲思政课大赛之前，我从来没有独自一人在那么多人面前做过讲演，当自己完成后，真的特别有成就感。”除了参加这些比赛，范越也是中山大学中文系研究生工作办公室的学生助理。在做学生助理期间，她增强了自身的信息处理能力，在这过程中也时常会有挫败感，例如处理文件时粗心大意造成不必要的麻烦等，但正是在实践过程中渐渐从不熟悉到游刃有余，她才渐渐得到了老师的信任与认可。

岁月因青春慨然以赴而更加静好，世间因少年挺身而行而更加瑰丽。从进入中山大学到现在，范越在奋斗的道路上步履不停，逐心而行，带着对中文的热爱，对服务社会的热情，放飞青春梦想。以后的路还有很长，我们期待着未来的她在中文系绚烂绽放。

本文写于 2024 年 6 月 7 日

芳华待灼，砥砺深耕

个人简介

洪于飞　女，汉族，2005 年 3 月生，广东潮州人，共青团员，中山大学中文系汉语言文学专业 2023 级本科生。现为中文系团委组织部干事、2023 级本科乙班团支部书记、中山大学国旗班队员。曾获中山大学 2024 年寒假“返家乡”社会实践活动专项二等奖，2024 年中山大学“世纪中大　山高水长”合唱比赛一等奖，2024 年中文系团委“一支部一品牌”建设汇报会优秀奖，“挺膺担当，奋楫笃行”主题微团课比赛一等奖。

一、在足履实地中成长

“人生没有白走的路，每一步都算数。”在中大中文系就读的一年中，杨绛先生的话一直引导着洪于飞前行——除了在学业上保持脚踏实地、力求上进的态度，在工作、生活中也应当一步一个脚印地前进，怀着耐心和毅力，在稳扎稳打中逐步提升自己。

作为班级团支部书记，她以拳拳赤心，努力践行担当有为。她始终保持严谨认真的工作态度，勤恳积极地主持团支部的各项组织工作，严格落实“三会两制一课”制度，带领团支部成员按时完成“青年大学习”、认真学习党的二十大精神，并积极向党组织靠拢。她积极参加校团委组织的新生团支书培训，在党史专题讲座、基层团务培训等理论学习中一步步提升自己的思想觉悟与业务能力，在参观中共三大会址纪念馆、“学雷锋”植树活动等实践中不断坚定自己的初心和使命。在系团委指导的“一支部一品牌”建设活动中，她和强基班、乙班的班委们协作策划了“文脉红影，墨贯古今”的项目，相继推出并统筹、跟进“传统及红色景点打卡”“书法文创爱心义卖”等活动，团结凝聚青年，丰富支部成员的精神文化生活，展现了青年的主动担当与积极作为，并在项目成果汇报会上获得优秀奖。在系团委举办的“挺膺担当，奋楫笃行”主题微团课比赛中，她作为团支部书记带头参赛，和团队成员一起以“5.18 国际博物馆日：博物致知　文以化成”为主题，结合中文系的特色并综合运用案例讲解、科普互动、视频图文等宣讲形式，为大家策划、展示了一场形象生动、精彩充实的微团课，获得一等奖。

作为国旗班队员，她在升旗仪式、队列训练、国防教育活动中坚定理想信念，立下了守护国旗荣光的决心。

二、在五线谱上起舞

5 岁第一次触摸到琴键时，洪于飞感受到的不是坚硬和冰冷，而是内心的宁静与欢愉。于是，在老师的指导和母亲的监督下，她和厚厚的琴谱、哒哒作响的节拍器共同度过了无数个看似波澜不惊的平凡日子。这是一个慢慢学会等待、学会延迟满足的过程：儿时打基础练基本功，追求音乐性、线条感、起伏和层次，从车尔尼到拜厄，从巴赫到肖邦和莫扎特。她有时觉得自己仿佛在走一条看不到尽头的路，她也曾经为练琴时的枯燥、辛苦而委屈，因母亲的严厉而害怕。但是，热爱可抵岁月漫长，这一路走来，她在大大小小的比赛和演出中收获了无数鲜花与高光时刻。如今，钢琴于她而言不仅仅是一门技艺，更是她的灵魂伴侣，陪她见证和体验了生命中许多具有特殊意义的瞬间。

在中文系的这一年，偶有迷茫、低落的时候，她仍然坚定地选择坐到钢琴前，与黑白琴键对话，享受那些灵魂与音乐共振的漩涡，融入这些忘却外界纷扰、完全成为自己的时刻。这种自我沉淀的方式能让她更加平和、顺畅地投入忙碌的学习中，为生活增添几分鲜活的生命力。

她认为，钢琴的浪漫之处在于，每一首钢琴曲都是人类情感和记忆的载体，演奏者每一次暗含情绪的击键都能为这情感与记忆赋予一份独特的意义。她始终觉得，音乐与文学是两个永恒相通的世界，共同构成人类灵魂的乌托邦。五线谱上跳跃的黑色音符和纸质书上印刷的黑色文字都成为她认知、感受世界的介质。在某个灯光晕染的角落里，在流动于指尖的旋律中，她听见过去，感受现在，想象未来。

三、在槌起槌落间沉淀

唐朝韩愈的《潮州祭神文》记载了潮州民间的鼓乐艺术："吹击管鼓，侑香洁也""躬斋洗，奏音声"。潮州大锣鼓被誉为"唐宋遗响，华夏正声"，每一个潮州人几乎都是听着大锣鼓长大的。

作为一个地地道道的潮州人，洪于飞自幼浸润在传统民乐的氛围中，对潮州音乐有一种天然的亲切感。10岁时，她师从"中华鼓王"陈镇锡老师学习潮州大锣鼓。基于学钢琴时对音乐知识的积淀，她凭借着灵敏的乐感、良好的节奏感，快速地掌握了基本的鼓点、鼓技、鼓术，逐渐具备了指挥乐队演奏的能力。在老师的支持和引导下，她加入了潮州民间音乐团，成为一名鼓手。最初，她常常因打击乐合奏时震耳欲聋的声音和众人聚焦在司鼓身上的灼灼目光而不由自主地害羞、胆怯，但在一次次的尝试和自我突破中，她渐渐变得沉稳，学会了无畏地扮演好司鼓的角色并公开演出，和众多潮州民间音乐人一起推广和弘扬优秀地方文化，背负起非物质文化遗产的重要传承使命。潮州市开展了"非遗进校园"系列活动，洪于飞曾在初中、高中加入学校锣鼓队，在各类演出和比赛中担任司鼓，进行主奏和指挥，努力向身边的青少年宣传潮汕传统文化的风采与魅力，展现热爱非遗文化的青少年昂扬向上的精神风貌和这项非遗文化重新焕发出来的年轻气息。

她说，槌起槌落间的每一次敲击都落在她心灵深处，是一场穿越时空的对接。在欣赏和学习这项独特非遗文化的过程中，她不仅学会了在鼓点和音符的融合中恒定地输出，学会了在生活中保持属于自己的节奏和韵律，同时也爱上了以激情澎湃的鼓点、层次丰富的旋律演绎潮州传统音乐中那些悲欢离合的故事，这是潮汕人表达情感和留存记忆的特殊方式。来日方长，她相信未来在中文系的学习会为她带来更丰沛的思考，指引她探索那些跨越时空的精神与文明、追寻内心真正所求，从而支撑她延续家乡文化根脉，传承家乡千年古韵。

本文写于 2024 年 6 月 21 日

青春之光，照耀前行之路

个人简介

潘瑞欣 女，汉族，2005年6月生，安徽合肥人，共青团员，中山大学中文系古文字学方向强基班2023级本科生。现任2023级强基班班长，为中文系团委青年发展部成员、校团委团组织建设中心干事。

一、引领班级，铸就品牌

作为强基班的班长，潘瑞欣深知自己的责任重大。在日常的学习生活中，她是院系与班级之间的沟通桥梁，上传下达、下情上报；她积极组织并参与班级活动，希望同学们在班级小集体中感受到中文系大家庭的团结与温暖。作为主策划，她组织班级参加了中文系团委开展的“一支部一品牌”建设活动，推动强基班与乙班支部联合，共同举办大型活动，希望同学们都能在实践中认识自己，提升自我。这次活动于一个新的班级而言，既是一次深入了解院系特点的机会，也是一次对班级凝聚力和创造力的全面考验。同学们把握住了机会，在潘瑞欣的带领下，齐心协力，成功做到了班级成员百分百参与活动，并在不同板块活动中做出了自己的贡献。其中，潘瑞欣同学主要负责的“爱心义卖”板块以义卖为主题，通过在食堂门口摆摊等方式成功筹得善款，并全数捐给了中华社会救助基金会，用实际行动传递了爱心和温暖。

潘瑞欣同学不仅是班级的“领头羊”，更是系团委、校团委的重要成员。作为系团委青年发展部的一员，她积极组织并参与了“青马学堂”、郁文书斋等项目，为院系的文化建设和人才培养贡献了自己的力量。同时，她还参与策划了“五月花海——系友徒步”活动，为系友们提供了一个亲近自然、增进友谊的平台。作为校团委的一员，她认真对待日常工作，在团员申报审核、优秀团员评议等工作中严谨细致，一丝不苟。一切行动和付出都会有回报，潘瑞欣在 2023 年荣获校级“优秀共青团员”荣誉，这既是对她学生工作的认可，也是对她继续前行的激励。

二、投身公益，传递爱心

潘瑞欣不仅热心于班级和院系的工作，还积极投身于公益事业。她参加了各种渠道的公益活动，用自己的实际行动为社会贡献一份力量。她曾担任广交会的地铁志愿者，为来自各地的游客提供热情的指引和帮助；她也曾担任国际灯光节的道路引导员，为游客们指明方向；在 2020 届毕业典礼上，她担任登记人员，为毕业生们提供了周到的服务；在中文系 2023 年中秋晚会上，她作为工作人员，为晚会的顺利举行付出了辛勤的汗水。此外，她还参与了学校寒招的宣讲工作，为学校的招生工作贡献了自己的力量。在潘瑞欣看来，每一次志愿服务都是一次成长和锻炼的机会。她说：“每次看到大家因为我们的答疑解惑而免去了麻烦、得到了帮助，我内心就会被这种助人的喜悦填满，产生无尽的动力坚持做志愿。”正是这种对公益事业的热爱和执着追求，让她在志愿服务的道路上越走越远。

三、勇于实践，探索成长

潘瑞欣坚信“实践出真知”，她喜欢在实践中摸索自己的成长道路。在大一开学之初，她就积极承担起中文系中秋晚会主持人的重任。面对这一挑战，她并没有退缩，而是勇敢迎接，并借此机会磨练自己。她利用课余时间认真筹划节目流程、准备台词，与同学们反复排练和磨合。最终，她以出色的表现赢得了大家的认可和赞赏。这次经历也让她对自己的大学生活更加自信。

在接下来的日子里，潘瑞欣继续积极参与各种实践活动。她应聘学工部学生助理一职，负责协助老师处理日常事务和策划活动，凭借出色的工作能力和团队合作精神，获得了学工部的“协作之星”荣誉称号。此外，她还参与了中文系篮球比赛和“戏台意象”比赛等活动，在赛场上感受到了团队的力量和运动的魅力。这些经历不仅让她在技能上得到了提升，更让她在心态和思维上得到了锻炼。

四、砥砺前行，追求卓越

潘瑞欣对自己的未来有着明确的规划和坚定的决心。她深知，成长的过程是一个不断挑战自我、超越自我的过程。因此，她打算在未来继续严格要求自己，不仅要在学习上追求卓越，更要在人生道路上不断磨砺自己。在学术上，潘瑞欣计划进一步深化专业知识的学习，通过广泛的阅读和深入的研究，不断提升自己的学术素养和创新能力。她相信，只有深入理解和掌握知识，才能在未来的工作和生活中游刃有余。在实践方面，潘瑞欣将积极参与各类活动，通过实践来锻炼自己的领导力和团队协作能力。她深知，这些能力在未来的生活和工作中至关重要。同时，她也希望通过实践来检验所学知识，将理论知识与实践相结合，不断提升自己的综合素质。此外，潘瑞欣还计划培养自己的兴趣爱好和特长，丰富自己的生活体验。她相信，一个全面发展的人能更好地适应社会的需求，为未来的生活和工作打下坚实的基础。在未来的道路上，潘瑞欣将坚定自己的信念和目标，不断追求卓越。她相信，只要保持积极向上的心态和坚定的决心，就一定能够克服各种困难和挑战，实现自己的目标和梦想。接下来，她将以更加饱满的热情和更加坚定的步伐，迎接未来。

潘瑞欣深知，学习与成长都是值得长久探讨的话题。她将通过不断的学习和实践，发现自己的不足之处，并持续加以改进。她相信，未来拥有无限可能，在有限的日子里无限地认识自己、突破自己，就能够在成长路上把握更多可能。

本文写于 2024 年 6 月 19 日

在平衡学习、工作与生活中实现自我成长

个人简介

陈珏秀 女，汉族，1999 年 2 月生，山东青州人，中共党员，中山大学中文系汉语言文字学专业 2023 级博士研究生。现任中文系博士研究生第三党支部副书记。

一、多元的学习兴趣

陈珏秀在就读博士期间，认真修读专业课，在一年级就基本修读完毕业所需的所有学分。课程之外，她还坚持进行论文写作训练，在 CSSCI 来源集刊《中国文字研究》发表论文 1 篇（第二作者）。她积极参与导师的课题项目，先后参与两个重大项目，“出土商周秦汉文献通假语料的整理与数据库建设研究”和“殷墟甲骨文与战国文字结构性质的比较研究”。在前一个项目中负责整理研究秦汉简牍中的通假字，重点整理长沙五一广场东汉简牍的释文和通假字；在后一个项目中对战国文字中的意音字进行切字、整理与校对。在参与过程中，她展现出了较强的研究能力和严谨的学术态度，这些学术经历使她的论文写作能力和科研水平有了重大的提升。

除了学术训练，陈珏秀还积极参加学术会议，加强学习与交流。她参加了韩国庆星大学韩国汉字研究所 HK+ 汉字文明研究事业团举办的 2021 年“第三届汉字学国际冬令营”和 2022 年“第四届汉字学国际冬令营”，修完了教学计划规定的全部课程，表现良好，顺利结业。此外，她还积极参加学院的学术活动，担任中山大学中文系读书报告会语言文字学组评委，加强与其他老师和同学之间的学术交流。在这些活动中，她不仅提高了学术能力，还结识了来自世界各地的学术同仁，互相交流、探讨，让学术之路变得更加多彩。

专业课之内，古文字学、语言学是陈珏秀热爱的领域，她认真学习课内知识，并积极学习语言数据库、梵文和方言等语言学课程，收获颇丰。专业课之外，陈珏秀的学习兴趣可谓广泛且深入。她在本科阶段修读第二专业会计学并顺利结业，拿到管理学学士学位。从看生物科普类到金融分析类书籍，可以说，她对各方面的知识都“来者不拒”。在学习的过程中，陈珏秀不忘考取各项技能证书，计算机 Office 二级证书、高级语文教师资格证等，她都尽收囊中。为了保持并提升自己的英语水平，她坚持学习英语，并为雅思考试做准备。有人问她，为什么感兴趣的领域跨度如此之大，兴趣从何而来？她回答：兴趣自成就感而来，成就感自探索未知而来。

二、丰富的工作经历

现阶段，陈珏秀主要担任博士生党支部副书记和本科生课程助教。工作中，陈珏秀时刻保持着细致认真的态度，整理党员档案，推进同学的入党进程，组织党员会议和活动等。陈珏秀的日常工作虽多且杂，但她表示，这些工作对提升她的工作能力有很大的帮助，也正是在这些工作中她才得以实现自身的社会价值。

陈珏秀的社会实践不限于此，她举办学术活动，曾作为工作人员协助举办华东师范大学中文系“出土文献与传世文献的对话”博士研究生论坛；曾在本科时担任学生会学术中心负责人，举办系列学术讲座和学术性比赛，创办“青学读书会”，举办图书漂流活动，提升校园学术氛围；作为上海合作组织青岛峰会志愿者，志愿服务于新闻中心宣传部，获得“优秀志愿者”称号；参加大学生机关事业单位见习营，在青岛市政府见习五周，承担文秘类工作，协助筹备市政府会议，表现优异；参加暑期文化科技卫生“三下乡”社会实践工作，于山东省莱州市妇幼保健院实习两周，期间参与抢救一名男婴，获得“先进个人”荣誉称号，她当时所在的队伍同时被评为省级优秀服务队……

陈珏秀的工作和社会实践经历丰富多彩，每一次经历都充满挑战和收获。她在工作和实践中不断成长，也为自己的未来奠定了坚实的基础。她用实际行动证明了年轻人应当如何在实践中锤炼自己，为社会贡献力量。

三、充实多彩的生活

学习和工作固然重要，健康充实的生活也不可或缺，劳逸结合是陈珏秀保持学习状态的秘诀。学习和工作之外，健身、画画、书法、旅行等都是陈珏秀的爱好，也是她放松自己、维持健康心理状态和身体状态的方式。她喜欢在闲暇时练习书法和绘画，以平稳心境；喜欢参加体育锻炼，从跑步、游泳到瑜伽、舞蹈，从羽毛球、乒乓球到台球和网球，都乐于体验；她还热衷于旅行，尤其喜欢参观每个城市的博物馆，在真实的土地上学习文化知识和风土人情。陈珏秀的这些兴趣爱好丰富了她的业余生活，为她的研究提供了新的灵感，也使她更加热爱、享受自己的博士学习生活。

本文写于 2024 年 6 月 18 日

跨文化的桥梁

——成长与责任的故事

个人简介

凌薇 女，乌克兰人，2005年11月生，中山大学中文系汉语言专业2023级本科生。现任2023级留学生班班长，曾获广东省政府来粤留学生奖学金等。

一、积极帮助别人，营造友善的班级氛围

上了中山大学而且当了班长以后，凌薇发现很多跟她一样的留学生在这个陌生的环境里其实不知道要做什么，对中国的各种事情很不熟悉。语言障碍和文化差别让他们在大学里感到无力，仿佛周围的所有人都知道什么“秘密”，只是不告诉他们。她可以理解他们这种感受，因为她刚来到中国上学时也有同样的经历。凌薇回忆起六年前，她从家乡乌克兰来到中国广州，于她而言，这是个全新的语言和文化环境，汉语水平的不足让她无法结交新的朋友，也加大了学习新知识的难度。正因为她自己有了这么一段艰难的探索新环境的经历，她才会对留学生遇到的挫折了解得更清楚。

现在，凌薇只要有机会，就会尽量解释让留学生们感到疑惑的事情。比如，为什么在中国去哪里都需要预约？广州的地铁为什么这么复杂，要怎么乘坐？微信的各种小程序怎么用，小程序和公众号有什么区别？等等。

虽然大部分同学汉语水平已经很高了，可以达到汉语水平考试的五级甚至六级（六级为最高级别），但是因为他们在日常生活中使用中文的时间还不算很长，所以有时候还是会听不懂老师上课讲的内容，有时候跟中国同学交流也会有困难。她回忆道：“记得有一次老师在古典诗词课上讲重阳节也叫双九节的原因，讲了两遍之后，一个一个地叫同学复述其原因，但是没有一个人能讲出来。老师又解释了一遍，然而班上仍然没有人能说出原因。同学们好像觉得对不起老师，就都说是因为他们坐的位置偏后，听不到老师的声音。但其实我知道，真正的原因是老师解释的时候用的词级别都很高，而且讲的速度较快，这使得来中国不到一年的学生很难听懂。于是下课之后我过去跟老师说，“留学生嘴上的‘听不到’经常是‘听不懂’的意思”。通过这件事情，老师能够更好地去理解留学生学习的特点，也促进了学生和老师之间的交流。同时，这件事情也让她理解到班长角色的重要性。班上总需要有一个人能够了解班上同学的困难，同时能够跟老师、辅导员进行交流，以有效解决双方的问题。

二、年龄不是障碍：大学生活中的学习与成长

上初、高中的时候，年龄在凌薇心目中占极为重要的位置。她说因为在学校，每个年级有较为严格的年龄要求。上学的时候，她认为比她高一年级的学生一定要比她厉害得多，各方面知识都比她丰富，对学校的事情一定更了解，而好像只有她对很多事情感到困惑。

上了大学之后，她发现，虽然年龄比她大的人大部分的确更有见识，世界观比她更广阔，但是年纪比她大好几岁却对某些事情了解得没那么多的人也不少。这让她明白了，做事时并不需要像以前那样在意那些比她更年长、更聪明、更懂事的人，只需要好好完成自己的任务，认真做，就可能成为把这件事做得最好的人。

在大学可以找到许多向别人学习、发展自我的机会。自从上了大学，凌薇发现跟不同文化和教育背景的人交流的重要性，并从他们身上学到了很多。她说，向他人学习让她变得更加自信，对自己的能力有所了解，也让她接触到了各种不同的观点，开拓了她的视野。

三、榜样的力量：姐姐与班长的双重责任

凌薇有一个弟弟，作为姐姐，她特别注重成为弟弟的榜样。她知道，弟弟虽然很少会表达出来，但他总在关注她的一举一动，从她身上吸收新知识。不管是在对待父母、老人，还是在读书、自我发展等方面，他都会观察姐姐是怎么做的，有时甚至是无意识地模仿她。他们家庭只有两个孩子，所以她认为姐姐是为弟弟立下行为标准的那个人。比如说，如果姐姐认为自己不需要经常帮助家长做家务，只有当家长要求她做的时候她才去做，从不主动，那么弟弟也会认为这样的行为是正常的，他也可以这么做。或者在学习方面，如果姐姐只有在作业要交的时候才去图书馆赶论文，一般不主动去学习新知识、开拓自己的视野，那弟弟也会认为这样被动的学习方式也是可以的，他不需要付出超过这个水平的努力。然而，看着每天学习勤奋、将家庭放在心中重要的位置的姐姐，弟弟也会越来越奋发向上。

做榜样，不只在家庭里，在班上也一样。凌薇指出，作为班长，她希望在学习别人优点的同时，能够树立一个学习认真、上课准时、尊重老师的好榜样。

在走向未来的过程中，凌薇经常会感到担忧。但是她认为忧虑和烦恼是生活的必然，是我们所有人无法避免的事情。有压力不是问题——因为一定有，问题是我们选择怎么应对它。她说，这应该是决定每个人成败的因素之一。一个人遇到挑战之时，会选择面对还是逃避呢？她希望她自己和其他留学生，以及所有的中文系学子能够“欲穷千里目，更上一层楼”。

本文写于 2024 年 6 月 19 日

人生副本？我来试试

个人简介

陈焯琳 女，汉族，2000年11月生，广东汕尾人，中共党员，中山大学中文系汉语言文学专业2019级本科生，国际中文教育方向2023级研究生。现任中文系兼职辅导员、系研究生会宣传联络部负责人，曾获中山大学研究生一等奖助金。

一、拥抱变化，走向更广阔的天地

在研究生阶段进入国际中文教育这一专业，对陈焯琳来说是从未预料到的事。“本科时期为研究生阶段做的准备好像派不上用场了”，抱着这样忐忑又迷茫的心情，她走进这片陌生的未知领域，却发现这里不似想象中那样恐怖，反而充满新的挑战与机会。班级里的同学热情友善，充满活力，课上课下的交流都闪烁着智慧碰撞的火花；课程内容精彩丰富，展现出比本科更强的实践性和应用性；多样的文化交流活动和实习平台更是让她找到了深入真实生活的道路。

“如果说现在的学习生活跟我本科时的想象有什么不同，那就是实践性更强，也更忙碌吧。”原来的道路是安全又熟悉的舒适圈，似乎只要继续走下去，一切都能如愿；但在跨出舒适圈、重新审视它后，陈焯琳的想法发生了改变。“想象里的生活固然很好，但是，在与想象有一定距离的现实里，我开启一段又一段新奇、未知的旅程，发现多面的自己，这样也挺好。”一次又一次的小组合作和上台展示增强了她思维应变、协同合作的能力，与本系国际生的文化交流活动提高了她组织协调、团队合作的水平，国际中文教育专业特有的国际学校实习经历更是锻炼了她教学实践、班级管理和人际交流的技能。在三个月的实习期里，她经历了一系列迷茫、挫败、自省、惊喜的时刻，但最终，她和实习学校的老师、同学们成了朋友，获得了优秀的实习成绩，她所做的一切也得到了很多人的肯定。她知道这一刻自己品尝到的是什么味道，这是积极拥抱变化的人才能品尝到的味道。

“实习刚开始的时候我可紧张了，跟外国人说话只会傻笑，不敢说话。但试着说了几次，发现也没那么难，也就那样。其实很多事都是这样。”人生的每一个阶段都有每一个阶段的舒适圈和困难，在无数的变化面前，我们需要的或许不是“你要勇敢踏出舒适圈”和“我为什么要踏出舒适圈”的两种极端，而是面对变化和困境的良好心态与解决问题的能力。在变化已经来临时，陈焯琳用认真踏出的每一步为自己踩出了一条新的人生路，这条路上晴雨霜雪一样不少，但她挺高兴，因为这才是生活真实的样子。

二、兢兢业业，做好每一件最小的事

从本科担任学生助理开始，陈焯琳就接触到了学生视角以外的另一个视角。在工作中她发现，许多师生间的冲突和矛盾并不是因为谁对谁错，而是因为存在信息差和感受差。这一发现催生了她当兼职辅导员的想法：如果能在师生之间架起一座“桥梁”，建立联系，消除隔阂，师生之间可能会更加融洽，更能互相理解。在研究生阶段，陈焯琳担任了本系兼职辅导员和研究生会部门负责人两个职务。“会很忙的喔”，一开始学姐这样提醒她，她想了很久，还是觉得可以试一下，看自己能不能协调学业、工作和生活。“要是能做到，我岂不是很厉害！”抱着这样有点孩子气的想法，她开始了忙碌的校园生活。

“忙”绝对是她为自己的研一写下的第一个注脚。在学习之余，她要兼顾兼职辅导员和研究生会的工作，而其中又以前者更为复杂和琐碎。在兼职辅导员生涯的无尽的琐事里，她选择做好每一件小事。“有人可能会觉得很多工作太琐碎了，太小了，做了也没有多大价值，或者做着太烦了。但我想，再小的事也总得有人去做，兼职辅导员就是这样一个角色。因为学生是真的相信你。”什么算小事，什么算大事？帮国际生登记更新的护照号是小事吗？但如果不做，他接下来的学习生活会一次又一次地受到影响，他的生活质量会降低。统筹学位服租借工作是大事吗？但如果不一次次地确认尺码和数量，不一句句地和工作人员商量，不一个个看着同学们签领服装，不做这些“小事”，这桩“大事”也根本办不成，甚至会乱得一塌糊涂。

对陈焯琳来说，做兼职辅导员的经历是一段难得的历练。“其实我不是个很会‘转弯’的人，不够灵活吧，也有人这样评价过我。”但做兼职辅导员以来，她觉得自己在这方面有了很大的进步，面对困难脑子转得快了，想到的办法也变多了。她觉得这源自经验的积累，量变引发质变，小事做好了、做多了，也能带来可观的变化：“一个人没干过类似的事，遇到问题会懵是很正常的，但只要他遇到过，再出现类似的问题他就能很快把问题解决了。底气有了，做事就自如很多。”以前埋头于书斋的生活固然安逸，但投入现实、经过历练后，她倒觉得找到了自我认识的一面新镜子。做好每一件小事，收集每一次失败或通关经验，直面每一次熟悉或不熟悉的挑战，通过这些，她逐渐看到一个与以往不同又依然相同的自己，一个原来还挺不错的自己，一个从未忘记过做兼职辅导员的初心和“党员先上”信念的自己。

陈焯琳没有座右铭，如果用一个词描述她的学习、工作和生活中的一切，她会选“道阻且长”。山峦翻过了还是山峦，河流蹚过了还是河流，陈焯琳知道人生路上不会有能让人永远躺平的“终点”，她会一直为长长的道路做准备。在晴雨霜雪中，她依然这样走着。

本文写于 2024 年 6 月 19 日

多元体验，履践致远

个人简介

胡慧婷 女，汉族，2000年10月生，山东滨州人，中共党员，中山大学中文系汉语言文字学专业2023级硕士研究生。现任中文系团委研究生部负责人、硕士研究生第三党支部宣传委员，曾获中山大学研究生一等奖助金。

成为研究生的第一年，胡慧婷进入中文系团委工作。作为一名团委委员，她主要与青年发展部对接，主持中文系“青马学堂”相关工作。在任期间，组织举办了“青马学堂”读书分享会、“返家乡”社会实践活动以及一系列文化类讲座等，以期提升中文系学生骨干的综合素养。此外，在中文系“五月花海”系列活动中，胡慧婷带领青年发展部主办了中文系系友徒步交流活动。本次徒步交流活动的路线贯穿校内外，并在沿途设置诸多打卡点。为了提高组队效率、给予参加人员充分的时间准备徒步物品，她耐心统计参加人员的信息并及时更新报名名单。为使每个环节有条不紊地进行，活动前她多次组织部门成员和志愿者培训，活动进行中也与大家保持紧密联系，此次徒步交流活动给所有参与者留下了美好的回忆。在此次活动中，胡慧婷体认到团队合作、有效沟通以及细致耐心的重要性。

渐渐地，胡慧婷对部门其他同学的了解也更加深入，部门凝聚力也进一步增强。“部门其他人都是本科生，各个年级的都有，有时在开会结束或是团建结束后，听大家聊起近况，我也会和大家分享读本科时的心得和收获。能帮到大家最好，帮不到权当是放松娱乐了。”对胡慧婷来说，部门和谐的氛围是十分重要的。

此外，由于所在党支部支委人手紧张，作为一名党员，胡慧婷也主动做一些力所能及的工作，成为党支部的宣传委员。“在这个过程中，我对党支部的工作有了更为深入的了解。”胡慧婷与支部其他成员一起，定期组织支部成员学习政治理论，定期发展党员，整理支部成员档案……胡慧婷深刻认识到党务工作的严肃性和严谨性，努力做到不出一丝疏漏。虽然党支部的工作相对琐碎，但也使胡慧婷进一步提升了自身素质，加强了党性修养和党性锻炼。

不仅如此，胡慧婷和支部成员也积极策划党日活动，努力办出特色。为深入学习贯彻党的二十大精神，进一步弘扬中华优秀传统文化，支部曾联合其他硕士党支部开展“赏千年瑰宝，承岭南文脉”主题党日活动，一同前往广州艺术博物院参观学习。从前期报名、出行交通到活动宣传，胡慧婷所在党支部都做了细致安排，希望大家在此次活动中能够更加深刻地认识到中华优秀传统文化的价值，更好地担负起新的文化使命。

学生工作的角色变更，使胡慧婷体验了很多的“第一次”，有好有坏，皆是成长，在这期间，胡慧婷得以发现自我，挖掘未知的潜能，提升解决复杂问题的能力。校园生活纷繁精彩，无论是学生工作、社会实践，还是志愿服务、科研学术，一切都可以尝试，因为一切的未知都充满希望。

本文写于 2024 年 6 月 9 日

抱朴守拙，善作善成，做不被定义的“多边形战士”

个人简介

李淑敏 女，汉族，2001 年 3 月生，山东青州人，中共预备党员。本科就读于南开大学汉语言文化学院，2023 年 9 月保研至中山大学中文系攻读汉语国际教育硕士学位。曾多次获得学业优秀奖学金，荣获第九届“创青春”中国青年创新创业大赛全国银奖、2024 年全国“一带一路”语言与文化青年学者学术论坛三等奖、全国第二届国际中文教育教学技能大赛决赛优秀奖等。

一、聚焦主责主业，坚守诗词文心

“面山负海古诸侯，信美东方第一州”，这是诗人苏辙笔下的青州，也是李淑敏的家乡。“生当作人杰，死亦为鬼雄”“碧云天，黄叶地，秋色连波，波上寒烟翠”“薄雾浓云愁永昼，瑞脑销金兽”……这些脍炙人口的诗词成为每个青州孩子的别样童谣。在厚重的历史文化熏陶下，李淑敏从小便对中文和中华传统文化产生了浓厚的兴趣。

研究生期间，李淑敏坚持良好的学习习惯，勤学不辍，遇到问题辩证思考、深挖探索。她不仅努力提升自己的学术水平，而且不断精进自己的专业技能。在研究生期间，她各项专业成绩优秀，得到了老师们的一致好评，并在 2024 年全国“一带一路”语言与文化青年学者学术论坛的论文评选中获得全国三等奖，在全国第二届国际中文教育教学技能大赛中获得决赛优秀奖。

二、热心社会实践，青春砥砺前行

在学习之余，李淑敏热心社会实践，为贫困地区的儿童募资捐款、做疫情防控志愿者等，累积志愿时长达 300 余小时。在班级里，她是 2023 级汉语国际教育硕士团支部书记。任职期间，她认真完成团组织下发的各项任务，并开展丰富多样的团内活动，以生动有趣的形式带领团员们学习先进思想，了解时政热点，增强团员们的凝聚力和向心力，向党组织看齐靠拢。她在中文系团委团务知识学习汇报中获得优秀奖，在“一支部一品牌”建设活动中其所在的支部获得“优秀品牌支部”称号。

此外，李淑敏还担任 2023 级乙班本科生学生班主任一职。她耐心友善，学弟学妹们都愿意敞开心扉跟她交流沟通。她在班级内开展谈心谈话活动，并在“树洞”微信小程序开设账号，以便及时了解学弟学妹们的思想动态和诉求。每次谈话结束后，她都会详细地做好记录并想办法为同学们解决问题。她相信，同学们的事虽是琐事但也是大事，必须做到事事有回应、事事有行动。

三、理论联系实际，不断实习历练

“纸上得来终觉浅，绝知此事要躬行。”课堂上学到的知识还需在广阔天地里检验一番。2023 年 2 月，李淑敏来到天津海河教育园区管理委员会教育改革部实习。实习期间，她主要负责收发文件、撰写材料、与各高职院校对接等工作。此外，她还参与一些重大赛事项目的筹备，如 2023 年亚太机器人世界杯天津国际邀请赛、第三届产教融合创新创业大赛等，和同事们一起开展创文创卫工作，到各小区捡垃圾、做宣传等。这段三个月的实习经历，让她很有成就感、幸福感和满足感，也让她在服务社会中不断锻炼和提升自己的能力。

2024 年 2 月，李淑敏来到德胜学校（国际）实习，在带教导师指导下教授剑桥 IGCSE 课程，包括中文——第二语言和中文——第一语言。她将所学的专业知识运用到课堂教学中，采用丰富多元的教学方法，打造生动有趣的学习课堂。她鼓励学生大胆创新，激发学生的探索欲和批判精神，拓宽国际视野。她认真负责的工作态度得到了老师和同学们的认可。

四、弘扬中华文化，探索无限可能

五千年的中华优秀传统文化如何实现创造性转化和创新性发展？有意义的故事如何变得有意思，又如何走进当代年轻人的心中？为此，李淑敏想了很久。大学期间，李淑敏曾多次前往瑞金、嘉兴等地进行实践调研，她深刻地认识到中华传统文化与红色文化高度契合，二者同载同驱、交融汇通。在此基础上，她与同学们共同发起了“沉浸式文旅激活三色融合”创新创业项目，致力于探索“红色 + 绿色 + 古色”的文化传承新业态。

在创业团队中，李淑敏充分发挥专业特长，创作了《烽火狼烟》《新生》等多个剧本，不仅实现了自己的文学梦想，更为中华文化传承贡献了自己的力量。由项目团队策划实施的、以弘扬“叔同文化”为主题的“叔同之夜”项目，先后获得人民网、《天津日报》、天津新闻以及夏季达沃斯论坛的专题报道和推介，并先后获得全国“挑战杯”“互联网 +”以及“创青春”等中国青年创新创业大赛奖励十余项。

以质朴之心坚守初心，以踏实之行干事创业。作为一名中文人，李淑敏将继续坚守母语之根，传承文化之魂，学好、用好中华文化传统，讲好、讲活中华文明故事，为弘扬中华优秀传统文化贡献自己的青春力量！

本文写于 2024 年 6 月 9 日

在学生工作中挥洒热爱与汗水

个人简介

宁一奇 女，汉族，2001 年 1 月生，山西晋城人，中共党员，中山大学中文系汉语言文字学专业 2023 级硕士研究生。现为中山大学中文系研究生会主席团成员，中文系 2023 级学术型硕博团支部书记。曾获国家奖学金、国家励志奖学金、厦门大学亚南奖学金、中山大学研究生一等奖助金，以及优秀共产党员、优秀三好学生、优秀共青团员、优秀毕业生、社会实践积极分子、“我为同学做实事”优秀个人等荣誉称号。

2023年秋季入学中山大学后，宁一奇继续秉持着对学生工作的热情，先后当选中文系2023级学术型硕博团支部书记和中文系研究生会主席团成员。

来到新的校园和环境，宁一奇发现许多团支部工作的要求和流程与之前都大不相同，她通过请教团委书记郑飞老师、担任团支部书记的高年级师姐，认真研读团务工作手册，尽力克服困难，很快熟悉并掌握了广东省智慧团建、推优入党等业务流程，并且及时协助同学们提交入党申请书，帮助拟成为积极分子和发展对象的团员完成登记备案和推优等工作。此外，针对学术型硕士和博士学业科研压力繁重、课外活动不够丰富、部分同学参与团支部活动热情不高的情况，她积极探索，创新活动形式，于今年3月策划并举办了“传承红色基因，赓续红色血脉”书影音分享会，带领团员们集体观看电影《横空出世》，组织支部团员共同阅读《马克思恩格斯文集》《毛泽东选集》《林海雪原》等书籍并分享感悟，拉近团员青年与革命先辈的距离，在回顾党的光辉历程的同时，深化革命传统教育，激发爱国主义热情。

对于本科期间只担任过部门负责人的宁一奇来说，研究生会主席团的工作涉及选题策划、统筹协调、具体实施等各个方面，不仅需要对整项工作有全面系统的把握，更需要熟悉各个流程和细节，这虽是压力和挑战，但更激发了她的热情和信心。为帮助中文系新生更好地适应新的学术环境和学习生活，宁一奇牵头策划举办“中文无隅”朋辈经验分享会，邀请四位成绩优异的硕士生、博士生围绕科研经验、硕博生活、人生经验等方面为同学们做经验分享；在“中文无壁”红色文化学术系列推送中，她负责《白洋淀纪事》一书的资料搜集、撰稿和整合推文工作；在2023年全国大学生“逸仙青年文学奖”活动中参与整理稿件、撰写推文、颁奖典礼现场会务等工作；宁一奇还负责牵头策划并全程参与中文系2024年毕业典礼，完成了前期策划、招募志愿者、彩排、布置典礼现场、现场会务等工作，为毕业学子献礼。她所参与的系列活动累计服务中文系及其他院系学子超2000人。在2024年4月举办的中山大学研究生会“我为同学做实事”精品服务项目评审活动中，宁一奇牵头完成“凝聚文心，互学共进”中文系研究生会学术服务项目的精品画册制作和现场展示宣讲任务，助力中文系研究生会学术服务项目获评“我为同学做实事”精品服务项目，其本人也获评“我为同学做实事”优秀个人。

除了参与校园实践活动，宁一奇还热心公益，积极参加志愿服务工作，累计服务时长近200小时。在抗击疫情期间，她曾担任学院疫情防控学生志愿者先锋队大队长，为疫情攻坚贡献力量。此外，宁一奇还参与过多次无偿献血、秋季迎新生、“青语课堂”支教等志愿服务活动，用个人星火助力社会公益事业。

对于宁一奇而言，她在学生工作中体味过酸甜苦辣，也锻炼了良好的组织协调能力、管理分配能力和人际沟通能力，收获了许多宝贵的人生经验和珍贵的友谊。在接下来的日子里，她会继续在学生工作中释放热情，挥洒汗水，为同学服务，写下青春无悔的一页。

本文写于 2024 年 6 月 10 日

始于兴趣，终于坚持，成于热爱！

个人简介

方东妮　女，汉族，2001 年 11 月生，广东潮州人，共青团员，中山大学中文系汉语言文学专业 2020 级本科生。在校期间曾两次获得国家奖学金、中山大学优秀学生奖学金一等奖、道德风尚奖等奖项。个人作品曾发表于《特区文学》《南方日报》《青春》等刊物。现于复旦大学中文系攻读硕士研究生学位。

一、热爱可抵岁月漫长：与文学的浪漫邂逅

“如果有机会，我希望未来能读中文系。”17 岁的方东妮在日记本上写下对未来的憧憬。热爱阅读的她，从小就与文学结下不解之缘。日记中还写道：“我记得西马路那条崎岖不平的柏油路，也记得路旁的图书馆。静谧的午后，整个阅览室只有我一个人。我闲散地找本小说来打发时光，周遭满是舞动的尘埃和大片闪烁着的亮光，植物葳蕤的味道不时在鼻尖萦绕。”

因为对文学的热爱，高三那年，方东妮毅然决定从理科重点班转至文科实验班，成为她奔赴一场浪漫奇旅的起始。从班级 20 多名到年级前茅，再到被中山大学中文系录取，她用亮眼的成绩证明了自己的决心和能力。

“很多人问我，学文学有什么用？”方东妮也曾一度感到困惑和迷茫，在反复追问自己后，她坚定地认为不必抱着过于功利的价值观看待文科专业，“兴趣”二字就是最好的回答。“每次去逛书店，或浏览图书馆的 I 类书籍，我总会感受到人的渺小。一个人穷尽一辈子，也难以把世界上所有的书读完。”正因为时间短暂，所以她觉得要把时间和精力投入到自己喜欢的事情上。4 年大学时光，方东妮读完了 300 多本书，她的书桌、床边、书包，随处可见都是书本。

于方东妮而言，文学是触摸世界的窗口，也是建构精神家园的良方。“阅读是与不同灵魂的相遇，是生命对世界的敞开。通过阅读，我们得以借他人之眼领略万千风景，体验不曾经历过的人生。”方东妮认为，文学的意义就是让人们在粗砺的生活面前，葆有一颗柔软的心。

爱读书，也爱写作，方东妮笑言：“大概每个进入中文系学习的人最初都怀揣着对文学的喜爱。”她的作家梦，始于记录生活，也让她学会从平凡琐碎的生活细节中发现感动。“记录与分享生活的习惯使我改变了很多。我从一个常在社交软件里了解世界的观看者，变成了一个热衷于前往各地采风的记录者。彩色的、黑白的、跳跃的、静止的、灿烂的，种种都构成了生命的厚度。”热情地阅读，虔诚地写作，用文字记录生活的美好，便是方东妮的“小确幸”。

“白寅在《致中文系》一诗的末尾写道：文学带给我的另一大收获就是提升了我的共情能力，让我能够以更加多元的视角去理解他人、理解世界。”方东妮表示：“文学创设了多元情境，足以让我们透过形形色色的故事来观察人性的复杂，也让我们拷问自己的灵魂：当面临同样情况时，我将何去何从，如何做出自己的选择？”方东妮认为，文学与现实不是割裂的，反

而更像两面相互映照的镜子，只有对社会现实的理解和思考达到一定的深度和广度，文学研究才可能有厚度。

专业学习中，方东妮以扎实学业为首要原则，坚持一步一个脚印，慢慢探索文学世界的广阔。中文系丰富的课程选择、大量的课后阅读，让她逐步确定了学术兴趣，“学科之间并不存在壁垒和界限，本科课程的概论性质既能完善我们的知识体系，又保留足够空间等待我们去探索。初学者应当广泛涉猎，由广博走向精微”。

方东妮曾主持校级大创项目“探寻加缪哲学思想的文学话语演绎”，细读文本探讨“荒诞—反抗”的哲学体系。学习之余，她还创作小说、诗歌与文学评论等。在专业老师的指导下，她不断打磨作品，所创作的诗歌与文学评论最终发表于《特区文学》《南方日报》《青春》等刊物。“老师的鼓励和关心，是我继续写作的动力之一。”她像一颗种子，日复一日，厚积薄发，为破土萌芽积蓄力量。

谈及学习经验，方东妮认为首先要找到适合自己的学习方式，再进行日常规划。“我课后会花时间去整理笔记，结合课堂重点和个人理解建立起系统的知识框架。”方东妮说，自己更擅长自主学习，还会精读经典原著，掌握一手文献资料，“文学研究不能只看二手文献，拾人牙慧”。她强调找到心仪研究领域的重要性，对这一方向的兴趣会自然而然促使自己带着问题主动钻研，广泛阅读，深入思考。“学习过程要保持良好心态，坚持自己的目标和节奏，始终对知识保持敬畏和好奇。”

为扩展知识面，方东妮辅修了英语专业的部分课程，如英美文学、口译、笔译等。“辅修课程给我带来很多惊喜。”虽然初衷是提高英语水平，可慢慢学习下来，收获却远不止于此。她还对日语、西班牙语等不同语种有了初步了解，提升了对文化多元性的理解，阅读和翻译英文文献的能力提升夯实了其学术研究的外语基础。

“追风赶月莫停留，平芜尽处是春山。”三年的耕耘不辍，让方东妮顺利保研至复旦大学中文系。对于未来，她心怀无限的兴奋与期待，“过去的一切都是未来的起点，也是未来的方向”。她希望不辜负时间，不辜负机会，不辜负自己，带着一颗赤子之心，继续前行在文学的朝圣路上。

二、从书桌到校园，从校园到社会

成为一名优秀的作家需要什么？刚来到中文系，方东妮曾一度感到不解，为什么明明进入了专业领域学习，老师却不断强调中文系历来不培养作家？后来她才意识到，真正培养作家的是生活。“在观察世界时，不仅只是关注作为个体的‘我’，还要将‘我’放置于社会、世界中去理解。”方东妮分享道。

于是，在专业学习、科研竞赛之余，她广泛参与社会实践和公益活动，在不同的领域和赛道上进行尝试，在各个舞台上展示自我，希望能走出“象牙塔”“舒适区”，挖掘自我潜力，探索多彩人生。

写作、古筝、围棋、书法、游泳……方东妮从小兴趣爱好广泛，对摄影偏爱尤甚。“第一次按下快门的奇异感觉，让我至今难忘。摄影奇妙的一点在于，可以把经验本身变成一种观看方式。”她认为形形色色的一切都有被记录的价值，“当我站在镜头后面，将时间凝固成静态，自己也已成了‘过客’，偶然而来，匆匆离去”。

“Stay foolish, stay hungry.”（求知若饥，虚心若愚）方东妮总是保持好奇、热情与谦逊，这也成为她不断探索世界、拓展自身的动力。从大一到大四，总能看到方东妮忙碌的身影。大一结束后的暑假，方东妮回到了家乡的潮州六联小学支教，担任二年级班主任，同时教一年级和三年级的音乐课。课堂上，她让每位小朋友写一首小诗。“原本这个作业只是灵机一动，却没想到能有这么好的反馈。在最后一天和大家分享感受的时候，最大的感触是，每个孩子都是一位诗人。”方东妮说道。她给学生带来生动的课堂，小朋友们也给她带来有趣的瞬间和感动的时刻。“这是一个相互成就的过程。愿我们继续带着遇到的爱和感动，走好各自的人生。”方东妮带着对生活的爱与热情，坚持知行合一，投身志愿服务，累计志愿时超过 900 小时，在奉献中收获成长。

“纸上得来终觉浅，绝知此事要躬行。”对方东妮而言，白纸黑字终究要落到实践上，而新媒体实习经历就是她观察世界的渠道。在这个过程中，她得以广泛接触不同的人和事，惊喜于和各类人群打交道时产生的奇妙火花。从大二至今，方东妮一直在中山大学党委宣传部任摄影岗学生助理，也是党委学生工作部文案组和视觉组成员；大三期间，她利用课余时间参与运营南方周末旗下学习交流平台“南周书院”微信公众号，参与《南方人物周刊》文章撰写工作，并担任中国青年报中青校媒（广东）融媒体副主席。利用学校提供的平台和机会，方东妮广泛参与社会实践，和志同道合的伙伴们一起，探索厚重的社会之书。

“新媒体人都是多面手”，方东妮表示，“全媒体时代的青年人要紧跟社会潮流，用新的技能武装自己”。在学校党委宣传部和中山大学党委学生工作部工作期间，她在摄影、文案、排版、视频等各方面的技能都得到了提高。这既是对学业边界的拓展，也是对专业能力的提升。她认为，一名合格的“中文人”应当在不同场合锻炼自己的写作能力。“在这里，我也结识了很多活力满满的同伴，大家的想法总能碰撞出奇妙火花。”

从专业学习到志愿服务再到一线媒体工作，方东妮在社会实践中不断加深对理论与现实的辩证关系的理解。“平衡学业与其他工作的关键在于做好时间规划。我很珍惜在中大校园里学习的时间，作为学生，我还是会以学业为主。”学习时她会尽可能保持专注和高效，认真完成每一个学习任务，在此基础上再去投入其他工作。正所谓“行之力则知愈进，知之深则行愈达”，在躬耕实践的过程中，方东妮不断成长，走向更宽广的世界。

三、未来，拒绝被定义

优秀没有上限，自信并非自傲，方东妮始终保持谦逊，理智对待自己取得的成绩。“多经历一些失败反而是一种警醒，让我保持谦逊，认识到自己的渺小、局限和不足，进而寻找进步的空间。挫折与痛苦也是我写作的灵感源泉。”方东妮对待挫折与失败非常豁达，她坚信困境中也蕴含无限风景。

“我崇拜流浪、变化和幻想，不愿将我的爱钉在地球某处。”第一次读到赫尔曼·黑塞这句话，方东妮便被触动。谈起对未来的规划，她没有过多的焦虑和迷茫。在经历由理科转文科、报考中文系、参与校内外媒体实习等种种选择后，方东妮更加明确了自己的兴趣，也希望未来有机会去探索更灵活自由的职业。于她而言，未来并不意味着一蹴而就或循规蹈矩，而是关于自由成长、无限进步与不断探索。“就从当下的阅读与写作开始吧，去迎接未来的无限可能。”化焦虑为动力，化空谈为行动，方东妮不愿定义自己的未来，因为她相信未来有无限可能。

勒内·夏尔曾言：“理解得越多，就越痛苦。知道得越多，就越撕裂。但是，他有着同痛苦相对称的清澈，与绝望相均衡的坚韧。”方东妮希望以此共勉，在探索、实践和坚持中一步步沉淀，找到自己真正擅长且热爱的方向，以赤诚而热烈的心拥抱真实的自我。

本文 2023 年 10 月 31 日发表于“中大学工”微信公众号

学习·思考·交流

个人简介

沈珍妮 女，汉族，1997年5月生，浙江嘉兴人，共青团员，中山大学中文系中国古典文献学专业2019级博士研究生，2022年9月至2023年9月在日本早稻田大学交流一年。

一、日本汉学研究的深厚传统与丰富资源

在中山大学中文系深造的过程中，学校为沈珍妮提供了丰富的学术资源和卓越的国际交流平台，使她得以接触学术研究前沿和多元的文化碰撞。

对于人文学科的学生而言，日本作为一个文化底蕴深厚的国家，其深入的中国学研究和珍贵的汉籍收藏具有巨大的吸引力。在中山大学的支持下，沈珍妮获得了前往日本进行学术交流的机会。

早稻田大学是世界著名研究型综合大学，其文学部于1890年设立，在中国戏曲研究上有着深厚的传统。在早稻田大学，沈珍妮跟随导师冈崎由美教授学习《桃花扇》的翻译与研究。东京大学的上原究一教授开设了《三国志演义》的研读课程，以外国文学的方式研读熟悉的文本，时时让她感到“陌生”和“惊心”。庆应大学的高桥智教授讲授中国文献学的课程，高桥先生对书籍收藏、版本都非常熟悉，虽是讲授中国文献学，也会不时补充日本书志学研究的内容。在这些课程中，沈珍妮深入了解了日本汉学研究的传统和氛围，并感受到了师生们严谨治学的态度。在春季学期末，她有幸参加了早稻田大学第十六回国际论坛——“跨越边界的人文知识”，宣读了论文《近代中国戏曲研究之一隅——从盐谷温的中国留学生活说起》，收获了师友们的许多指导。

日本汉籍收藏丰富，收藏机构大多都对外开放，基本上按规则申请即可阅读古籍。一年间，沈珍妮在日本各地图书馆和研究机构查访资料，如东京大学东洋文化研究所、大东大学图书馆、东洋文库、国立国会图书馆、名古屋大学图书馆、京都大学图书馆、关西大学图书馆、大阪府立图书馆、天理大学图书馆、静嘉堂文库等十余家公私藏书机构。每个图书馆的建筑、收藏都各有特色，或现代或古朴，在静嘉堂翻阅陆心源的旧藏、在东洋文库摩挲王国维旧抄的词曲，又或是与仓石武四郎、长泽规矩也、青木正儿等学者的藏书会面，都是珍贵的邂逅。

二、看见自我与世界的镜像

沈珍妮认为，对于在读学生来说，海外交流是一个帮助其更好地认识自我和世界的途径。在海外访学的过程中，学生们可以获得一面反思的“镜子”。当完全置身于一个陌生的环境中时，他们可以极其容易地观察到自己原有的思维方式和生活方式。

最初，沈珍妮没有预订到学校提供的宿舍，为此很是不安。然而，在日

本生活了一段时间后，她发现日本的学生大多数都选择在校外租房居住，在学校的学习和社团生活之外，自主安排自己的生活。此外，相对于中国越来越多的年轻人选择申请研究生，在日本，进入大学、攻读博士是非常小众的事情，因为继续深造已经是一种对自己未来的生活、职业的选择。在这样的背景下，这些年轻的研究者展现出的独立、坚定和热情令她钦佩也使她警醒，让她对自己的身份、选择和未来有了更多的思考和更清晰的认识。

三、语言教室中的友情与善意

东京是一个国际化且非常包容的城市，为外国人提供了便利与舒适的生活环境。沈珍妮曾在东京的两个语言教室进行学习，里面的教师都是志愿者，他们无私地帮助初来乍到、需要学习日语的外国人。沈珍妮的同学来自五湖四海，有因为向往东方文明而来的硅谷移民，有因为家人团聚而来日本居住的八十岁中国奶奶，也有远道而来的乌克兰人。他们的乐观和勇气，让沈珍妮看到了生活的无限可能。

在奉仕园的日语教室里，她遇到了来见习的铃木先生。得知沈珍妮在日本还没有什么朋友后，铃木先生热情地邀请她与自己和合唱队朋友们共进晚餐。合唱队的成员都曾在粤港澳地区工作、生活过，他们与沈珍妮分享了在异国他乡的种种困难与欢乐，让这位来自广州的年轻人感受到了无限的善意。

这些合唱队的成员非常喜欢粤语中的“有问题”一词，因此还把这个词作为合唱队的名字。沈珍妮也想以此作为她这次访学的结语：去学习、去体验、去尝试，“有问题”。

本文 2024 年 4 月 23 日发表于“非遗学科共同体”微信公众号

直面彷徨，用行动谱写青春之歌

个人简介

胡港 男，汉族，1996年5月生，河南信阳人，中共党员，民俗学专业2021级博士研究生。曾任中山大学中文系博士研究生第一党支部副书记。主持广州市哲学社会科学发展“十四五”规划2023年度《广州大典》博士学位论文资助项目一项，发表《记忆、传说与新故事：新疆兵团军垦散体叙事的构成、特征及互动》（《民族文学研究》2024年第1期）等学术论文若干篇，参与编写《中国非物质文化遗产保护发展报告（2022）》。

步入博士生阶段后，学业压力显著提升，胡港在一开始也陷入了彷徨与迷茫。“不知道自己是否能坚持下去，能够完成学业”，他这样回忆道，“但是没有办法，只能硬着头皮往前走”。行动或许是化解彷徨的唯一方法，与其胡思乱想，不如选择一个方向努力下去，过程中即使出现挫折，也能渐渐找到解决问题的方法。

一、漫步田野，触摸民间

“完成长期的田野调查工作，是一名民俗学专业学生的‘成人礼’。”对于民俗学理论与实践之间的关系，胡港如是解释道。在他看来，深入田野、走向群众，是将自己所学的相关理论知识应用于祖国大地的必经之路。

自 2021 年 9 月起，在导师王霄冰教授的指导下，胡港与硕士生、本科生师弟师妹们前往佛山市南海区里水镇下沙涌村，运用史料搜集、口述史访谈以及参与观察等多重手段在当地持续进行民俗文化调研。项目组成员合作撰写了将近 20 万字的《下沙涌村民俗志》，内容涉及该村的宗族历史、节日习俗、民间信仰、人生礼仪以及民间传说等多个方面的具体民俗事象。基于项目组的调查成果，下沙涌村提炼出具有代表性的“头炮”“北帝”“龙舟”等元素，对这些富有寓意的文化元素进行创造性转化，设计了新春礼盒、红包、春联及挂饰等多种文创产品。

对于同学们来说，这次调查让大家受益匪浅。胡港以《传统与日常：岭南宗族家庭教育民俗研究——以沙丸冯氏家族为个案》为题做研究，获批广州市哲学社会科学发展“十四五”规划 2023 年度《广州大典》博士学位论文资助项目；此外，他所主持的《家风、校风与乡风——佛山市下沙涌村社会主义精神文明建设的“三位一体”路径》获评中山大学首届乡村振兴暨“双百行动”培育项目。与此同时，两位一起参与调查的本科生也分别获得中山大学大学生创新创业训练计划项目的支持。在实践中，同学们掌握了一定的田野调查理论与方法，学术研究能力得到显著提升。

胡港表示，对于他这个外地人来说，在下沙涌村的调查中首先面临的是“语言关”，其次是如何建立与当地人的感情链接。最熟悉地方风土人情的始终是老年人，不过当地不少老年人普通话并不流利，甚至只能用粤语进行交流。于是胡港利用粤语音频、视频、相关教学 App 等“磨耳朵”，并张开嘴大胆说，逐渐能够以手舞足蹈地比划、说话、打字结合的方式与老年人对话了。“虽然经常会因为口音闹出笑话，但是能简单用白话进行交流也足以让我很有成就感了。”

在长期交流、共同生活的过程中，胡港与当地村民建立了深厚的情谊，不少老人将其视作自己的孩子，而逢年过节胡港也会前往各个老人家里看望他们。他表示：“田野调查不是单纯地将民众视为资料提供者，而是要进入他们的日常生活，体认他们的思想文化，这就要求与民众有情感互动。这份感情十分真挚，即使我毕业了也不会割舍。”

二、献身组织，服务同志

胡港坦言，博士研究生面临着学业压力等挑战，党支部工作常常需要平衡党员们的课业学习与党组织生活之间的关系，许多事情得审慎处理。其实在一开始，他并没有思考过这个问题。而当组织上给予其充分的信任、鼓励其担任中山大学中文系博士研究生第一党支部副书记时，他才感受到了责任的重大，对自己能否胜任犯了嘀咕。

一番思考后，胡港选择接受这个挑战，力所能及地为支部的同志们做出自己的贡献。为了更好地开展学习贯彻习近平新时代中国特色社会主义思想主题教育活动，2023 年 5 月 13 日，博士研究生第一党支部联合文学专任教师第一党支部、文学专任教师第二党支部共同开展“追寻革命足迹　传承红色基因”主题教育党日活动，三个支部的同志们一起到农民运动讲习所旧址纪念馆、广州起义纪念馆以及广州博物馆等地参观学习。该活动理论联系实际，荣获了中文系 2023 年度优秀党日活动三等奖。

在活动筹备上，需要充分准备才能确保万无一失。胡港简单提及了该活动的准备过程：“首先通过电话、微信公众号等预约场地，咨询参观注意事项。其次发布通知，收集活动参与人员信息。随后选定出行工具，租用学校校车往返活动地点。最后，我还提前去了一次活动目的地越秀公园，熟悉步行参观线路。”

在胡港看来，博士研究生具有一定的专业基础，将党史学习教育和专业教育的有机结合是博士研究生党支部开展党日活动的基本要求。因此，博士研究生第一党支部力图将党组织活动打造为寓党史学习教育于专业课教学之中的生动实践。与此同时，博士生党员面临着毕业、就业等难题，应届毕业生党员的经验在这时就显得十分重要。因此，博士研究生第一党支部于毕业季开展了应届毕业生党员欢送会，由支部党员代表为应届毕业生党员献上鲜花、送上祝福，应届毕业生党员则分享了他们在学业与就业上的经验。活动中，支部的同志们加强了联系和交流，彼此给予支持与鼓励，共同感受到了组织的关怀和温暖。

三、路漫漫兮，上下求索

谈及自己的研究，胡港介绍了其发表于《民族文学研究》2024年第1期的《记忆、传说与新故事：新疆兵团军垦散体叙事的构成、特征及互动》一文。文章梳理了“记忆”“传说”与“新故事”等，指出它们是新疆生产建设兵团散体叙事的组成部分，不同叙事之间发生着互动与转化；与此同时，这种互动、转化呈现出无数个体经验经过大浪淘沙般的筛选、改写之后汇入主流叙事的过程，并蕴含着微观个体与宏大历史之间的张力。

写论文并非总是一气呵成的，往往伴随着漫长的搜集材料、深入思考以及不厌其烦的修改。改论文甚至比写论文还要烦琐，胡港表示，有篇最近待刊的论文便与编辑部来来回回修改了十多次，不过修改完之后确实比初稿优秀了不少，在这个过程中他也学到了很多。

关于毕业，胡港不再像之前那么焦虑迷惘了，而是试着平心静气地细致打磨博士学位论文。他自嘲道：“对高年级的博士生来说，大家见了面打招呼都是笑问‘准备延（期）几年’。”尽管走过不少弯路，尽管前方依旧困难重重，但胡港坚信，只要持之以恒，坚持不懈，终将抵达梦想的彼岸。

本文写于2024年6月30日

以文学观照现实，于行动遇见生活

个人简介

朱乃欣　女，汉族，2000年10月生，海南琼海人，共青团员，中山大学中文系中国现当代文学专业2022级硕士研究生。现为中文系2023级本科生学生班主任，2024年中文系暑期“三下乡”实践团队成员。2023—2024学年担任中文系女子篮球队队长，入学两年分别随队获得“逸仙杯”篮球赛南校园女子组冠军、亚军，两度获得中山大学“逸仙杯”篮球五校赛女子组二等奖。曾获中山大学研究生一等、二等奖助金。

一、文学是观照现实的、有关行动的学科

回忆起当初选择中国现当代文学作为研究生专业方向，朱乃欣强调，文学的现实意义是她坚定目标的主要动机。通过在中文系的学习，经由导师郭冰茹教授的教导，朱乃欣深刻地认识到文学研究是一项拥有无限开拓空间的事业，复杂斑斓的世界本身就是一个可供研究的庞大文本，学习文学可以了解生活的方方面面。面对常变常新的社会现实，当代文学研究是一个切入当下文化症候的良好路径，这种方法论的获得使她明确：必须将关怀现实的视野与行动的态度刻入精神深处。

如何把知识与实践结合起来，如何以行动的积极姿态去迎接每一天的生活——朱乃欣在丰富的活动中寻找问题的答案。进入中山大学后，朱乃欣不仅踏实学习，努力完成系里规定的学业任务，还进行了科研方面的积极尝试，探索知识与现实议题相结合、相转换的方法。2022 年 10 月，朱乃欣参加北京大学第一届“学术写作与表达”写作邀请赛，她运用意识形态分析讨论网络舆论环境问题的论文获得三等奖。作为初次投稿尝试，这篇文章寄寓着她“希望自己在中文系学到的知识能构成观照现实的一种维度，期盼学理性的思索能为世界提供某种行动式的方案”的深沉理想。

对于朱乃欣而言，现当代文学研究带来的现实性价值不仅是获得历史化的学术视野与思路，还在于发现个体间的知识与经验碰撞、交流、延展的潜能。除了完成自己的课业工作，朱乃欣主动担任中文系本科生课程的助教，以及中文系本科生班级的学生班主任，为中文系本科生教学、教育工作的顺利进行做出自己的贡献。“我们人文学科的学习者要真切地去推动人与人之间的文化互动”，她说，“让知识流动起来，让人文关怀流通于具体的人之间，这不仅是学科发展的需要，更是人生存的需要”。

二、完全人格，首在体育

活跃的行动态度、动感的生命能量同样造就了她个人生活的方式。在朱乃欣的课余生活中，体育运动占据了相当的分量。谈到热爱运动的原因，朱乃欣说：“强健的体魄是好好学习、认真工作、努力生活的本钱；而且体育运动为我的生活带来了可贵的激情与能量。”

自从在高中的一堂体育课上开始接触篮球，朱乃欣对篮球的兴趣就一发不可收拾。从高中到本科，再到研究生阶段，篮球已经完全融入她的日常生活。身材并不高大的朱乃欣谈及自己打篮球的诀窍：“许多事情的道理是相通

的，扎实的基本功是一切复杂技术的根基，打球最好的‘捷径’就是勤加练习，百炼成钢。”她参加过中国大学生篮球二级联赛，也一直在校内的篮球比赛中代表中文系出战，篮球为朱乃欣带来了许多不同的风景。

中山大学拥有丰富的赛事活动和良好的运动氛围，中文系也给予踊跃参加体育运动的学生温暖鼓励与物资支持。在校方、院系的支持下，朱乃欣与中文系女篮的其他成员奋力拼搏，在中山大学“逸仙杯”篮球赛中斩获优秀的战绩。在朱乃欣加入中文系女篮的两年里，中文系女篮齐心协力勇夺“逸仙杯”南校园女篮比赛的一次冠军与一次亚军，连续两年进入“逸仙杯”五校赛的角逐并收获二等奖的荣誉。在2024年春季学期的“逸仙杯”五校赛比赛中，中文系女篮由于伤病、时间安排冲突等原因，多次面临上场队员紧缺的困境。作为队长的朱乃欣没有退怯，迅速调整自己原本与赛程冲突的安排，带着崴伤未愈的脚踝出场了每一场比赛，并有精彩表现。她特别重视篮球作为一项集体运动的魅力与意义：“篮球对我来说意义非凡，一开始我只关注在球场上拼搏的自己，现在我更爱那些与我一起在球场上拼搏的伙伴。”

三、让行动的足迹走出校园

“作为新时代的中国青年，我希望自己的足迹走出校园，贴近中国式现代化如火如荼的建设事业，走到群众中去”，这是目前身为党员发展对象的朱乃欣心中矗立的实践观念。在读研期间，受到中山大学中文系颇具启发性与感染力的思政教育影响，朱乃欣积极参加社会实践与志愿服务活动，将青春的身影映照在祖国广袤的土地上。

2022年秋季学期，在疫情情势严峻之际，朱乃欣主动报名成为校园疫情防控的志愿者，在宿舍楼执行分发物资等力所能及的工作。此外，朱乃欣还利用课余时间报名参加广州本地的志愿活动，如协助一些社区党组织完成党务工作等。2024年春季学期，朱乃欣通过面试成为中文系暑期“三下乡”实践团队的一名成员，与其他成员一同为高州彩玉的传承与发扬尽心献力。朱乃欣坚信，社会实践让大学生从“旁观者”变为“参与者”，而中文系对社会实践与志愿活动的重视及相关安排恰恰为大学生品格的完善提供了极为关键的平台与渠道。

走进社会，到群众中去，投身建设，社会实践与志愿服务带给她的不仅是宏大的时代使命感——在中国特色社会主义新时期记录时代、见证变革，还是关于个体生命的“纯粹”体验——跳出“象牙塔”，回归真实生活，直面现实问题的重量。“这一切都是相通的”，朱乃欣笑着说。中文系的学问本质上都是关于“人”的学问，正是因为爱人、爱生命、爱生活，文脉得以绵延不绝，我们得以建立如此宏伟的理论大厦群与不断完善的学科制度。而中文系的研究必将反哺于现实与生活，激发一种行动的态度与勃发的生命热情，不仅在狭义的私人层面，更通向广博的时代与社会。

“所以‘爱—运动—文学’在我这里属于一种三位一体的神圣存在”，朱乃欣说。通过与文学结缘，她的生命在精神、身体与思想的有机统一中，获得了一种自律而紧密联系现实的发展动力。

本文写于 2024 年 6 月 30 日

跨越千里，帮助乡村孩子播下梦想种子

个人简介

姜清越 女，汉族，1999年6月生，辽宁沈阳人，中共党员，中山大学中文系民俗学专业2021级硕士研究生。在校期间，曾多次获得校级奖学金、优秀团员等荣誉。中山大学第24届研究生支教团成员，2022—2023年于云南省临沧市凤庆县第一中学任语文教师。支教期间，获全国中学生语文能力测评“全国优秀指导教师”、云南省“省级优秀指导教师”、“凤庆县优秀支教教师”等称号；获全国中学生创新作文大赛云南赛区初赛“指导教师一等奖”、凤庆县第一中学教学技能竞赛一等奖等。

一、积极投身支教，创新中学语文教学

早在大二时，姜清越便与中山大学工会的扶贫工作结下了不解之缘。她参与了凤庆县扶贫工作的宣传活动，师兄师姐们的无私奉献在她的心中留下了深刻的印象，坚定了她投身支教的决心。

2021 年，姜清越迎来了她研究生生涯的第一个学期。入学伊始，她就密切关注着研究生支教团的招募通知。通知一经发布，姜清越便毫不犹豫地报名，经层层筛选后入选中山大学第 24 届研究生支教团。

在凤庆的这一年，她聚焦教育教学主业，关心学生的品德培养、心理健康，创新语文教学方式方法，尽力做好知识的传授者。在投入支教工作的前几个月，她将自己的教育目标设定为：帮助高一学生夯实基础知识，掌握基本学科能力，培养阅读和写作兴趣。

为此，她决定从提高学生的语文学习兴趣做起。姜清越引入了网络资源，精心搜集各种资料，以课外阅读材料的形式印发给学生，激发学生的兴趣。同时，她提供获取相关知识的途径，引导感兴趣的学生对这一话题进行更深入的了解。为了提升学生的学习兴趣，她组织学生表演课文内容，并尝试把课文的核心主题凝结成一个个有趣的问题，使学生在思考中形成自己的见解。

在了解当地学情后，姜清越以生动的生活例子和简练的图表进行教学，并利用其他学科知识来解释语文课中难以理解的内容，在拓宽学生视野的同时帮助学生理解知识点。比如，用思想政治课所学的内容解读《在马克思墓前的讲话》，挖掘历史课王安石变法的内容作为《答司马谏议书》的背景，用其他学科课本上的例子向学生讲述社会科学、人文科学、自然科学的区别，等等。经过她的“点拨”，很多学生建构起了学科之间的桥梁。

在知识摄取之外，姜清越还把目光投向了学生的输出，而逻辑思维能力正是输出的关键。培养逻辑思维能力的一个抓手是口头表达。面对学生不敢开口的问题，姜清越决定先从学生感兴趣的话题谈起，通过这些话题建立学生表达的自信心。然后，她基于课本创设与校园生活息息相关的讨论、辩论题目，鼓励学生自由发言，激发学生的表达欲。培养逻辑思维能力的另一个抓手是作文。姜清越细致地批改学生的每一篇作文，在批语中指导学生梳理逻辑、锤炼文字，力求让文章紧扣材料和主题，内容上有的放矢，“有一分材料说一分观点”，语言简洁又不失个人风格。她还鼓励学生参加各种新式的语文学科竞赛，在新颖的题目中锻炼思维，在更具开放性、文学性、社会性的作文主题下进行自我观照和自我表达。

二、参加“脱贫攻坚”调研实践，链接中文系优质教育资源

2021 年，姜清越参与中山大学《追寻脱贫攻坚者的足迹》一书的编写工作。同时，她参与了主题为“如何用好高校资源，助力定点帮扶县乡村教育振兴”的调研，其结合自身学科优势，了解凤庆县的具体情况，用其所学指导教学实践。她还作为研究生支教团成员代表，参与了中共凤庆县委宣传部、共青团凤庆县委、凤庆县文化和旅游局在凤庆县文庙联合举办的“书香凤庆·阅来悦好”读书分享会活动，分享读书心得，展现中文人的风采。

课堂之外，姜清越将中山大学中文系的优质教育资源与服务地相链接，在凤庆县第一中学、鲁史中学、红塘村大摆田完全小学开展了以“情系凤庆，文以铸梦”为主题的第二课堂活动，得到当地师生的高度认可，参加该活动的学生超过 400 人。

三、凝聚涓滴力量

在学习人文社科的过程中，姜清越深受“为天地立心，为生民立命”的鼓舞，渴望走出书斋，将学科理性与人们生产劳动的田野相交融。

教育强国之路上你我携手同行，她相信，当无数个体的力量源源不断地注入党和国家的教育事业中，当“我”变成“我们”，“一年”变成“几十年”，涓滴溪流汇成江河，每一个个体在教学中所做的努力便会成为铸造未来的基石，祖国大地上必将遍开绚丽的青春之花。

本文 2024 年 3 月 21 日发表于“中山大学中文系”微信公众号

奋楫笃行，臻于至善

个人简介

曲晟君 男，汉族，2002年2月生，山东青岛人，中共党员，中山大学中文系汉语言文学专业2020级本科生，中国古典文献学专业2024级硕士研究生。曾任中文系团委组织委员、中山大学辩论队副队长、2020级乙班团支部书记、本科生党支部组织委员。曾获评中山大学优秀共青团员、中山大学优秀共青团干部、中山大学一星级志愿者，连续三年获得中山大学优秀学生奖学金。

一、热心班级事务，切实履行职责

刚入学时，曲晟君还不是班级团支部书记，但在团委的工作经历让他认识到了团支部书记对于班级建设和集体凝聚力的重要作用。于是，在前一任团支部书记卸任时，曲晟君通过竞选，接过了2020级汉语言文学本科乙班团支部书记的接力棒。在任期间，曲晟君积极响应党和国家、学校和学院的号召，将“三会两制一课”制度落实到位，开展“大学生生涯发展与规划分享会”“线上安全防诈骗知识宣讲”等活动，并组织支部团员前往广州市鲁迅博物馆、广州市美术博物馆等地参与实践教育活动。曲晟君工作一丝不苟，认真完成各项团务，最终带领班级团支部获得了“中山大学五四红旗团支部”称号。

二、参与党团实践，奉献青春力量

大一时，在学长学姐的动员下，曲晟君加入了中文系团委实践部，组织过红色诗文诵读大赛、党史知识竞赛、冬至饺子节等活动。在一次次活动中，曲晟君对中文系的认同感越来越强。他回忆道：“那些在灯光下讨论的夜晚，那些为了活动忙碌的身影，那些成功后的欢笑和出错后的鼓励，都是我大学生活中最宝贵的回忆。”

升入大二，由于中文系团委组织部人手不足，曲晟君被调任到中文系团委组织部担任委员。起初，作为“空降兵”，曲晟君很担心无法适应新的环境。但是，在组织部学长学姐的耐心指导下，他很快便熟悉了团务工作，也融入了组织部这个温暖的大家庭。收集入党申请书，开展团推优大会，完成毕业生、新生团组织关系转接，督促团费缴纳、青年大学习，组织“三会两制一课”……组织部的工作细碎烦琐，但在同学们的帮助下，曲晟君并没有感觉到太大的压力，感受到的只有温暖和欢乐。

毕业的脚步临近，曲晟君也正式成为一名光荣的中国共产党员。这时，一份“聘任书”递到了他的面前——本科生党支部组织委员。然而，刚转正的他对党务工作一窍不通。面对老师和学姐们的肯定，他有过犹豫，但是学姐的一句“不要害怕犯错，有问题就及时沟通，我们都会帮你解决”，让他感受到组织的支持与信任，于是下定决心，接任了这份工作。在与学姐的沟通交流中，他对党务工作越来越熟悉，也在一次次为同学们解决问题的过程中变得更加自信。未来，曲晟君将继续在本科生党支部需要的地方，发光发热。

三、参与社团活动，提高综合素质

大一的时候，曲晟君懵懵懂懂地加入了中文系辩论队，从此便在辩论这条路上扎下了根。大二担任中文系辩论队队长，大三成为中山大学校辩论协会副会长，并组织策划了2022年校级“众星杯辩论邀请赛”、2023年校级“新星杯新生辩论邀请赛”等活动。虽然收获了一些奖项，但也曾因备赛想不出论点而痛苦过。在学弟学妹的毕业采访中，曲晟君坦言：“虽然打辩论赛很累，但如果重来一次，我还是会选择进入校队。不管在校队中遇到的是好事还是坏事，不管自己是开心、难过还是生气，这一桩桩事、一个个人都丰富了我的大学生活，以至于现在我觉得如果当初没有加入校队的话，可能我的大学生活会单调很多。”

于曲晟君而言，辩论除了给他带来了思维和表达上的锻炼，还让他收获了一段宝贵的教学经验。2022年9月18日至2023年3月18日，他走出“象牙塔”，担任广州市第六中学辩论社教练，短暂地与社会“接轨”。提到这次教学经历，最令他印象深刻的事情是作为教练和同学们一起参加广东省朝阳杯辩论联赛。比赛的辩题涉及经济、文化、婚姻、历史等多个领域，同学们也在一次次磨练中掌握更多的知识，一路过关斩将，拿到了高中组冠军。在拿到冠军的那一刻，同学们欢欣鼓舞，而他也深受感染，一股骄傲的情绪油然而生。

毕业之际，曲晟君怀着满满的感慨和不舍，在毕业论文的致谢中写道：“中山大学中文系给了我无数的启发和帮助，让我成长为一个更加独立和自信的人。四年弹指而过，曾经那个到处在师兄师姐毕业照中出镜的少年，如今也要成为毕业照的主角了。回首本科生活，虽平凡但也取得了一定的成绩，虽圆满但也有一定的遗憾。往日回响不悔，来日璀璨可追。愿老师们学术长青、桃李满园；愿同行的朋友们永远安康，万事胜意；愿未来的我能继续乘风破浪，无愧于心，在人文之路上点燃炬火，发出微弱但坚定的光。”

本文写于2024年6月30日

志于道，游于艺，敏于行

个人简介

谢金泽　女，汉族，2000 年 11 月生，广东阳江人，中共党员，中山大学中文系汉语言文学专业 2018 级本科生，文艺学方向 2022 级硕士研究生。曾获评校级优秀毕业生，获得国家奖学金、中山大学研究生一等奖助金等。

一、青春在奉献中闪光

自本科入学以来，谢金泽便活跃在各种公益活动中，志愿服务时长累计达 1000 多个小时。她曾在疫情期间积极响应政府号召，以返乡大学生的身份加入家乡的疫情防控队伍，协助社区管理员进行物资发放等工作，相关事迹获“中大学工”“中山大学中文系”等官微报道。尽管当时尚处疫情初期，感染风险较大，但她还是义无反顾地走向抗疫的前线。对此，她表示，在这场波及全国的疫情面前，没有人能置身事外，作为年轻的大学生，更是责无旁贷。抱着“每一点朴素的付出都能为最后的胜利积蓄力量”的信念，她坚持在社区服务了将近一个月。在小小的社区里用脚丈量街头巷尾、走过家家户户，她感受着生命沉甸甸的分量。

她亦连续多年担任广东民间工艺博物馆的志愿讲解员，参与馆内文物讲解、工艺教学、购票指引等工作，多次获评馆内“优秀文旅志愿者”。在她看来，文物绵延着往事，积淀着文化，那些制瓷绘画、雕镂描绣的民间工匠把他们对于手艺的柔情和热爱投入方寸工艺品之中，既将岭南工艺之美缕述无遗，也深刻展现了岭南民间文化的丰富多元。所以，她坚持通过文物与民间工艺人对话，穿越历史去聆听他们与工艺品、与这一片土地的故事，也通过讲解文物这一份工作，把民间工艺的智慧和故事传递给每一名游客，为文化的古今传承和审美的际会交流贡献一份微小的力量。

除此之外，敬老助老、阳光助残、文明实践等类型的公益活动也少不了谢金泽的身影。她在公益中奉献自我、放飞青春，尽可能以个人微渺的力量帮助有需要的人；她也通过公益活动拥抱人群、感知世界，学会以一颗赤忱之心去聆听生命、理解时代，让人生在奉献中闪光。

二、游弋在文艺的世界中

谢金泽在中文系求学已将近六年，虽不乏懒散嚣浮、自责愚钝的时刻，但对文学艺术的热爱却是日趋笃厚。

谢金泽一直很感激中文系提供的资源平台和成长机会，让她得以不断丰富知识储备、打下良好的专业基础。她也表示，在中文系的日子里，有良师引路、益友相伴，是她在学业上刻苦为之、乐在其中的重要原因。系里的课堂丰富而有趣，或鲜活犀利、发人深省，或充盈智性、流淌着灵逸多端的才识，令人迷恋；在课下亲聆师长垂教，更是得其清诲以开塞，受益良多，其中的用意良苦处，也令人感怀；群学进益、切问近思，谢金泽也在导师支持下联合系里的本、硕、博同学，多次举办“习勉读书会”，相互沟通读书心得，补苴罅漏，共同进步。点点滴滴朴讷的努力慢慢汇聚成明亮的河流，谢金泽逐渐品尝到收获的喜悦。本科阶段，她的专业成绩始终位列年级前茅；读研期间，她的论文《刘健动画电影的空间美学——以〈刺痛我〉和〈大世界〉为例》入选国家社科基金重大项目“新时代中国动画学派的重建与民族文化传播研究”、西华大学联合主办的“第十届动画学者圆桌论坛”分论坛——“第二届动画学研究生论坛”交流论文。

“混沌飞扬的心，在文学和艺术的世界里觅得了归属。惟愿长存热爱，始终努力以赴。”谢金泽如是言。

三、在多元实践中成长

为拓宽成长渠道、探索更多的可能性，谢金泽也积极参与到学生工作和助教助学的实践当中。

本科阶段，谢金泽曾任中山大学求进报社总秘书长，负责社团的组织工作和财务管理工作，她亦曾参与运营“中山大学党建”“中山大学团委”“中山大学中文系”等媒体账号，不断提升媒介素养。读研期间，谢金泽担任兼职辅导员，在学生管理工作中不断提升沟通能力、协调能力与公文写作能力。除此之外，谢金泽也体验着从学生到助教的角色转变。她曾有幸担任课程“文学与艺术通论”“法国文学理论与文学批评”“古代汉语（上、下）”的助教，负责记录考勤、维护课堂秩序、收集查阅作业等工作。在这一过程中，她既是教师传道授业解惑的辅助者，也是同学们学习进步的陪伴者，更是教师与学生之间的沟通桥梁，在课程的持续推进中，她的知识结构也不断得到完善。“助教的经历让我真正体会到了何谓教学相长。”谢金泽这样说道。

天地辽阔，谢金泽坚信青春有太多打开方式，她将继续开展多样化的尝试，向更广阔的天地迈进。

四、结语

子曰：“志于道，据于德，依于仁，游于艺。”谢金泽始终认为，她在中文系习得的不仅有文艺修养，更有担当作为。未来，她将继续巩固专业基础，投身社会实践，在激情奋斗、无私奉献的青春中展开更绚烂的人生。

本文写于 2024 年 7 月 1 日

青春墨韵，绘诗意年华

个人简介

郭可悦 女，汉族，2002年3月生，广东揭阳人，共青团员，中山大学中文系汉语言文学专业2020级本科生，中国现当代文学专业2024级硕士研究生。曾任2020级本科本专业乙班班长，曾获国家奖学金、中山大学优秀学生奖学金一等奖，曾获评中山大学优秀共青团员等。

一、初心

2020年8月，当郭可悦在朋友圈晒出高考录取结果时，她的朋友们颇为惊讶——她本是一名理科生。事实上，中山大学中文系是早早在她心中落下的一颗种子，这颗种子不断生根发芽，而于此刻开花结果。郭可悦高考时，恰逢疫情，随之而来的是与师友的距离感和无处不在的、对未来的焦虑感，而为数不多能给她带来慰藉的，便是语文的“务虚”课。老师说，大家在理科的世界、分数的竞争中“务实”太久了，偶尔也需要抽身而出，来“务虚”。于是，在一堂堂“务虚”课中，郭可悦得以在教学框架外更多地去接触鲁迅、萧红、史铁生的作品及其精神，得以初步了解黑格尔、康德、黑塞等名家的思想。“文字能够带领大家跳出一元标准的框架去看待世界。在应试之对错二分外，我希望大家能更多地拥抱世界的多样性。”语文老师的话语为郭可悦打开了课本与考试之外的世界，也让她对未来有了新的期许——这位毕业于中山大学中文系的老师，让康乐园成为郭可悦的初心所向。

二、探索

从高中走向大学既是一种年龄、地点和身份的改变，也意味着要探索一种新的生活模式。郭可悦曾看到一位学者的分析，学生进入大学后，终于有空间开始“后撤”，不再必须以曾经应试教育的模式安排生活；但“后撤”之后若并没能找到更好的方式和思想资源，帮助学生重新找到路径点燃对生活本有的热情，则往往会陷入迷茫与困惑。这段分析曾引起她的反思——“自己在大一、大二时似乎仍用一种应试的心态看待学习，所以学得很刻苦也很吃力”。而让她找到更好“思想资源”的契机，是大三时由林岗老师开设的课程。林岗老师的课堂灵动幽默、广博精深，给了郭可悦许多启发，让她开始意识到跳出所谓“课程框架”的自主思考与学习之重要性。此后，她开始旁听文史哲专业的研究生课程，渴望获得对世界更深的认知，并不断就自己在学习上的疑惑与导师张均教授交流。此时，文字确如高中语文老师曾说的，为她呈现出更为多元的视角，也敞开了通向更为精彩的世界的大门。

在中山大学中文系保研夏令营中作为学生代表发言时，她说：“谢有顺老师曾在课上说：‘年轻人啊，不要过滴水不漏的生活！去犯错，去尝试。’诚如谢老师所言，学术界的研究在不断发展，曾经那种线性的、目的论式的价值观已成为过去，那么由学术观照人生，我们是否也应该抛弃目的论式的人生态度，允许自己向这大千世界自由地敞开，去与偶然性不期而遇，去与或然性对酒当歌。生活并不是只为着某一个目标而构建起的滴水不漏的过程。概言之，一切都是经历，一切都使‘我’成为‘我’。”向世界敞开自我、于思考中反思自我、在文字中寻找自我，最后接纳自我，并向更好的“我”进发，这是郭可悦在本科四年中求索之所得，也是她对自己未来的期许。

三、热血

“文明其精神，野蛮其体魄。”在学习之余，郭可悦始终坚持体育锻炼。她从小在母亲的影响下接触篮球，而篮球也成了她始终坚持的爱好。篮球给她带来了强健的体魄，其大学四年的体能测试均分高达 96 分，同时还给她带来了许多珍贵的友谊。“体育能很快拉近人与人之间的距离”，郭可悦说道，“在共同目标的引领下，彼此之间会有更多的情感共鸣和支持”。以篮球为纽带，郭可悦结识了许多良师益友。中文系热爱篮球的师生常会聚在一起打球，此外，历史、哲学、人类学等专业的朋友亦会加入其中，良好的氛围与和谐的关系吸引了诸如博雅学院、航天航空学院等学院的老师加入其中。大家或在场上挥洒汗水，或在场下畅谈思想，不时还会有些即兴的“学术小讲座”在场边开展。

当然，篮球作为一项竞技体育，自有其热血、竞技的一面。郭可悦加入了人文女子篮球队——一支由中文、历史、哲学三个院系的喜爱篮球的女生组成的队伍，以及中山大学女子篮球队。大一刚入学时，郭可悦在场上并不算是一名强大有力的选手，常在对抗时落入下风，也因此尝过输球淘汰的滋味。但在人文女子篮球队与校女子篮球队的不断训练下，郭可悦的球技逐渐进步，开始能够在赛场上有出色的表现。郭可悦在大三、大四时与其所在的人文女子篮球队先后获得南校园“逸仙杯”冠军和亚军，几乎每一场比赛，郭可悦都能为球队带来 15 分以上的贡献。此外，郭可悦还随校女子篮球队一同参加广东省女子篮球比赛，获得了季军。

四、情谊

在本科的四年里，来自师长与好友的陪伴是最令人难忘的。而对郭可悦来说，最“意外”的一位朋友是中文系 1961 级校友杨益群教授。杨教授平易近人、和蔼可亲，常与郭可悦分享自己求学求知的历程，并无私地指导郭可悦收集和整理史料。而在与杨教授沟通交流的过程中，郭可悦亦对杨教授严谨治学、自强不息的精神深感敬佩。为确保史料的真实性，杨教授会严格检查每一处细节，反复考订文稿中有争议的地方，甚至在医院就医时仍在不断思考，一旦想起文稿中的某处疏漏，便立即叮嘱郭可悦修改。杨教授虽已步入耄耋之年，仍每日坚持阅读、撰书，常工作到晚上十一点才休息。杨教授的言传身教令郭可悦受益颇多。在杨教授的指导下，郭可悦整理了他在20世纪80年代时对丁玲、王西彦和楼栖夫妇的采访资料，其中《"你是一本活的文学史"——1985年访丁玲》已刊登在《新文学史料》2024年第1期。

本文写于2024年7月6日

笔墨绘青春，学海扬风帆

个人简介

唐相宜 女，汉族，2003年5月生，广东中山人，共青团员，中山大学中文系汉语言文学专业2021级本科生。现任中文系团委实践部负责人，大一时曾获得中山大学哲学系团委优秀干事荣誉。作为志愿者参与中山大学中文系“情系凤庆，文以筑梦”义教活动，2023年7—8月于中山市广播电视台在记者助理岗位实习，2022年9月至2024年5月在中山大学中文系学生工作办公室担任学生助理，担任2023—2024年大学生创新训练计划“张欣的广州城市文学书写”项目负责人。

一、学术交流：思想的火花，智慧的碰撞

初入中山大学中文系，唐相宜便被这里浓厚的学术氛围深深吸引。课堂上，文学领域老师们旁征博引，深入浅出地讲解着古代文学、现代文学、比较文学等课程的精髓，激发了她对文学研究的浓厚兴趣；语言学领域的老师们用严谨的逻辑、周密的判断展现现代汉语、古代汉语中美丽复杂的规律，将她带入从未踏足过的世界。课余时间，她更是如饥似渴地阅读各类文学作品和学术著作，不断拓宽自己的知识视野。当然，单纯的课本内容不能满足她的需要。于是，她积极参与各类学术交流活动，学习萨义德与后殖民主义，思考华人电影中华裔的身份认同问题……除此之外，中文系的“百篇”写作训练提高了她的阅读与写作能力，使她对前人的观点有了更深刻的认知。为了更深入地研究，她在2023—2024年大学生创新训练计划中担任“张欣的广州城市文学书写”项目的负责人，力图探索女性作家视角下广州城市的书写特点。

二、实践探索：纸上得来终觉浅，绝知此事要躬行

在学术研究之外，唐相宜还热衷于将所学知识应用于实践。她相信，只有通过实践，才能真正检验理论的正确性，才能更好地认识社会，将所学的知识落实到现实生活中。因此，她不仅积极参与学生工作，还投身志愿活动，在学习之余进行实习。

进入中文系后，唐相宜抱着为同学服务、锻炼自我的想法加入中文系团委实践部，并在大三时担任实践部第一负责人。在担任负责人的这一年中，她组织了中文系团委第一次大会、冬至饺子节、书法室启动仪式等活动。冬至饺子节的准备工作前后将近两个月，在活动组织中她学会了如何安排人员，了解了如何准备活动场地和活动需要的资源、如何应对现场突发事件……在实践中，她初步了解如何组织一个项目。

唐相宜的母亲是一名初中教师，因此从小她就对教育有着强烈的好奇。在2023年的春天，她成为中山大学中文系“情系凤庆，文以铸梦”义教活动的志愿者，参与课程录制。在这一活动中，她学习到了如何写教案、如何备课、如何根据学生特点选择教学内容。她意识到，教育不是教育者个人才华的单向输出，而是教育者与被教育者的双向互动，要以学生为本。通过该活动，她对当下语文教育的要求有了更清晰的认知。

“纸上得来终觉浅，绝知此事要躬行。”为了更好地了解社会，唐相宜

进入中山广播电视台实习，作为一名记者助理参与电视台的工作。在这里，她跟随记者们外出采访，参与科普节目的拍摄，学习如何收集新闻素材和撰写新闻稿……在实践中，她学会了如何将在中文系学到的知识与实际工作结合起来，对新闻行业也有了更深刻的了解。

三、体育运动：强健体魄，磨砺意志

在紧张的学习和实践活动之余，唐相宜也没有忘记锻炼身体。她深知，健康的体魄是追求梦想的基础，而体育运动则是保持身心健康的有效途径。

唐相宜最喜欢的运动是跑步和跳绳。在彩霞满天的傍晚或宁静凉爽的夜里与耳机里的旋律共同奔跑，能洗去一天的疲劳。跑步不仅让她保持了良好的体能和充沛的精力，更让她在运动中找到了内心的平静与力量。每当她感到压力大时，就会让跑步分泌的多巴胺调节自己的情绪。而跳绳则让她在四肢的协调中感受到了把控身体的愉悦感和成就感。在2022年“康乐杯跳绳比赛”中文系院系选拔赛中，她获得了三十秒单摇项目的二等奖。在每年的体能测试中，她都能取得良好的成绩。运动给她的大学生活增添了许多乐趣。

四、美育发展：艺术之美，滋养心灵

作为中文系的学生，唐相宜对艺术有着特殊的情感和追求。她认为，文学与艺术是相通的，它们都能触动人心、启迪智慧。因此，在学业之余，她也积极投身于各种艺术活动。

唐相宜擅长弹奏古筝。她从六岁开始接触古筝，现已取得古筝十级证书。在大一的时候，她加入古筝社，结识了来自不同年级、不同专业的古筝爱好者，与志同道合的伙伴们一起在音乐中陶冶身心。2022年5月13日，她参加了2022年春季学期实践音乐会之古筝音乐会，作为表演者在台上表演《四季未央》。与同伴无数次的排练磨合结出了美丽的果实，收获了不错的反响。同时，这次演出不仅让她的技艺更加纯熟，也让她更加深刻地感受到古筝的魅力。

回顾在中山大学中文系就读的时光，唐相宜感慨万千。从初入校园面对全新的大类招生的挑战时的青涩懵懂到如今的成熟稳重；从对学术研究认识浅显到如今的深入探索；从对实践活动的陌生畏惧到如今的自信从容；从偶尔尝试体育运动到如今的热爱坚持；从初步感知艺术之美到如今的深刻领悟……这一路走来，她经历了无数的挑战与考验，也收获了无数的成长与感悟。

在一次次对困难的挑战与克服中，她感受到了自己的力量。她相信，只要心中有梦、脚下有路、手中有笔、心中有爱，就一定能够书写出属于自己的精彩人生。在未来的日子里，她将继续保持对文学的热爱与追求；继续将所学知识应用于实践；继续坚持体育锻炼和艺术修养；继续以积极向上的态度面对生活中的每一个挑战与机遇。她相信，世界广阔无际，总有一条属于她的道路在等待她！

本文写于 2024 年 7 月 5 日

两年为期，追梦无涯

——一位学子的执笔追梦之路

个人简介

谢梦源 女，汉族，2004年8月生，河北石家庄人，共青团员，中山大学中文系汉语言文学专业2022级本科生，曾获得中山大学优秀学生奖学金三等奖等。

一、以梦为马，砥砺前行

在中山大学中文系这片沃土上，谢梦源茁壮成长、熠熠生辉。她的故事，是关于梦想、挑战与成长的故事，是一个刚刚脱离高考的紧张氛围、睁开眼睛看到未知而又广阔的世界的学子脚踏实地，努力开辟属于自己的一方天地的故事。在就读于中山大学中文系期间，从初出茅庐的学子，到游刃有余的新闻人，谢梦源撰写并修改了近百篇微信公众号稿件，带领文编部近十名同学圆满完成了新闻中心老师以及主编团下达的每项任务。在这个信息爆炸、网络媒体迅速发展的时代，学校为谢梦源提供了远眺的瞭望台，怀着梦想与热情，她奔赴自己热爱的工作，以笔为剑，以梦为马，在新闻中心的舞台上绽放光彩，不仅收获了专业技能的飞跃，更在学业与友情上迎来了双重丰收。新闻中心的点点滴滴见证了她的成长与蜕变，中山大学的丰草绿缛、石阶小路上留下了她一步一步的踏实脚印。

二、时光倒转，不解之缘

时间回溯至大一，在 2022 年入学之初，那时的谢梦源还是一个对新闻事业与网媒事业充满憧憬和好奇的新生。刚刚踏入大学校园的她，被新闻中心丰富多彩的活动和严谨专业的工作氛围深深吸引。于是，她毫不犹豫地加入了新闻中心的大家庭，开始了自己的新闻之旅。在这里，面对陌生的学校、陌生的城市，她有过迷茫，也有过自卑、退缩的念头。处在激烈的竞争之中，她迫切地渴望提升自己、实现自己的新闻梦想。正是这份对未知的渴望和对梦想的执着，让她选择了坚持。从最初的文字校对到本系小型活动的采访报道，每一步都走得小心翼翼却又坚定不移。一开始，面对不熟悉的工作，谢梦源遇到了诸多挑战和困难。她需要快速掌握新闻采编的基本技能和方法。在这个过程中，她从未轻言放弃，她虚心向学长学姐请教经验，积极参加各种培训和实践活动，不断提升自己的专业素养和综合能力。正是这份坚持和努力，让她在新闻中心逐渐站稳了脚跟。

经过一年的训练，她已经可以快速完成一篇简单的新闻稿件；并且因对新闻中心的运转流程十分熟悉，也能够快速地进行沟通与联系。在这个过程中，谢梦源学会了如何与团队成员沟通协作，如何快速捕捉新闻热点，为她的梦想添砖加瓦；在这里，她更结识了一群志同道合的朋友，在新闻中心这个大家庭里，他们一起奋斗、一起成长、一起分享生活的点滴，在学业与生活上互帮互助，消解了环境的陌生与竞争的激烈带来的孤独和迷惘。这些珍贵的友谊成为她人生中最宝贵的财富之一，为她的大学生活添上了浓墨重彩的一笔，也让她更加珍惜与人相处的每一个瞬间。

三、努力奋进，手握梦想

转眼间，大二学年悄然而至。经过一年的努力和积累，谢梦源在新闻中心的工作已经取得了显著的成果。她的专业素养和综合能力得到了老师和同学们的广泛认可。于是，当新闻中心负责人换届选举的消息传来时，她毫不犹豫地报名参加了竞选。这是她大学经历中的一个重要转折点——竞选过程中，谢梦源凭借自己丰富的工作经验和坚定的信念赢得了评委老师的青睐，成功晋升为新闻中心文编部的第一负责人。这一职位的变动，不仅是对她个人能力的认可，更是对她未来无限可能的期许。成为文编部负责人后，谢梦源面临着更加艰巨的任务和挑战。她不仅要继续提升自己的专业技能，更要安排好各项任务并保证落实到人，承担起带领团队共同前行的重任，不断提升整个文编部的工作质量和影响力。她深知责任重大，但更多的是对未来的无限憧憬和信心。为此，她制订了详细的工作计划和目标，并积极组织线下培训和交流活动，努力提升团队成员的专业素养和团队协作能力。在她的努力下，文编部的工作被安排得井井有条，部员们齐心协力地完成每一项任务，为校园文化的繁荣贡献了自己的力量。

四、破茧成蝶，实现蜕变

站在大二学年的尾声回望，谢梦源的名字已与新闻中心的各项工作紧密相连。作为新闻中心文编部的负责人，她不仅成功安排了中文系举办的各项精彩活动的采写任务，还作及时修改，保证新鲜出炉的新闻稿件及时向上递交，最后刊登在“中山大学中文系”微信公众号上，方便同学们即刻阅览。在学业上，她凭借请教前辈获得的经验，优化自己的时间管理和学习策略，不仅成绩取得了进步，荣获了校级奖学金，还找到了适合自己的学习方法，积累了不可多得的学习经验。更重要的是，这段经历让她学会了如何在压力与挑战中寻找平衡，成为更加坚韧不拔的自己，和过去那个孤独迷茫的小女孩正式说了再见。在中山大学中文系的这段经历，对她未来的成长和发展来说无疑是一笔宝贵的财富。

谢梦源的故事，是关于勇气、坚持与成长的赞歌。在新闻中心的舞台上，她用自己的汗水和智慧书写了属于自己的精彩篇章。她感谢中山大学中文系为她提供的机会，相信在未来的日子里，她定能继续以梦为马，不负韶华，向这条充满机遇与挑战的道路深处进发，在更广阔的天地里绽放更加耀眼的光芒。

本文写于 2024 年 7 月 5 日

中大中文系求学散记

个人简介

何卓航 男，汉族，2001 年 3 月生，广东河源人，中共党员，中山大学中文系汉语言文学专业 2019 级本科生，中国现当代文学专业 2023 级硕士研究生。本科期间曾获中山大学优秀学生奖学金二等奖，曾在中山大学中文系党政办公室实习。

2019年9月，作为中山大学中文系2019级本科新生之一，何卓航踏入了中文堂，开启了他的求学之路。

一、“水静犹明，而况精神”

至今，何卓航仍记得，他在听到系主任彭玉平《水静犹明，而况精神》这篇开学致辞时，心中的震撼与向往。之所以震撼，是因为彭主任不仅对各路典故信手拈来，而且妙语连珠；之所以向往，是因为彭主任的演说内容引发了他的憧憬。那时，彭主任先是调侃，中大是“朴实”的，它“用最短的方法”计算校史，所以“至今也不是‘百年’名校”，中大中文系受此“牵连”，“至今也没有成为‘百年’名系”。但在调侃过后，彭主任严肃地说：“我们中文人也要跟着朴实，不虚浮，不张扬，勤练内功，行稳致远。”“朴实带来的另外一种品格就是安静。诸位到了这里，少存热闹喧嚣之心，多存安静读书之志。”这些言语让何卓航对未来的人生有了一些朦胧的想象。朴实与安静绝非“两耳不闻窗外事，一心只读圣贤书”，而是厚积薄发，由静制动，行稳致远。这种境界，让他心向往之。

后来，他虽然达不到这种修行，但却时常回想起上述画面。如今，百年校庆业将至，百年系庆也一样。站在新的起点上，他希望自己能够做一个“朴实”“安静”而又有温度的中文人，修养出如静明之水那样的“精神”，对自己的人生负责，为他人、为社会做出应有的贡献。

二、从师学道中文堂

何卓航在中大中文系遇到了不少恩师，他们不仅传道授业，更以高尚的人格风范和赤忱的学术热情滋润着他的心灵，鼓励着他前行。

中大中文系有着全程导师制的传统，每位本科生在入学之初会被随机分配到一名导师名下，此后每学年之初，学生可以申请更换导师。在这种安排下，何卓航与胡传吉老师结下了师生缘。胡老师主攻中国现当代文学，但她的兴趣非常广泛。受她的影响，在之后的学习中，何卓航一方面对中国现当代文学较为用心，另一方面又没有疏忽其他学科。大一下学期，胡老师开设了“中国近现代经典研读”这一课程，并在某一节课上反复提及三个字——“这个爱”。胡老师对“爱”“恨”等人物情欲的分析、在“爱”“恨”纠缠中对“爱”的强调，给何卓航留下了难忘的记忆。后来，他和同学们时常模仿胡老师说“这个爱”时的腔调，胡老师对文艺、对人生的“爱”，自此萦绕在他的心头。

大二开学时，由于尚未明晰学业方向，何卓航仍然跟着胡老师学习。彼时，讲授“20 世纪西方文学理论”的罗成老师、讲授“中国古代文学史（二）”的许云和老师等，都让他印象深刻。到了大三，按照中文系的规定，学生需要撰写学年论文。此时，胡老师建议他转益多师。他当时对文艺学、中国古代文学、中国现当代文学都有一定的想法，一度难以下定决心。在参看系里下发的各位导师学年论文的选题方向时，他突然被刘卫国老师吸引了。刘老师有两个选题非常吸睛，分别是“通俗文学研究”和“网络文学研究（以武侠、玄幻小说为主）”。从整体上说，何卓航并不熟悉通俗文学与网络文学。然而，他对金庸的作品和萧鼎的《诛仙》却情有独钟。他心想，虽然自己以后未必研究通俗文学和网络文学，但是，既然刘老师敢将这两项不太为学界主流认可的内容列入选题方向，那么，这也许可以说明，他是一位包容的老师。在思考过后，何卓航向刘老师申请，刘老师欣然应允，他自此拜入了刘老师门下。

刘老师对中国现代文学批评史用力尤深，对中国现当代通俗文学、网络文学也有一定关注，在学术立场、学术观点、学术方法等方面，他深深启发了何卓航。刘老师身上的诸多品质，例如敬业、负责、严谨等，更是让何卓航敬仰。刘老师对待教学高度负责，他总是在办公室里打磨课件，而且在课堂上，他还注重讲课时的情绪、节奏，力图呈现最好的状态。此外，刘老师对论文撰写有着极高标准，何卓航的毕业论文在字句、结构、论点、论据等方面，都曾被刘老师揪出不足。每当此时，他总是惭愧不已，觉得自己学艺不精，耽误了刘老师许多时间。除此之外，刘老师对待其他工作也非常认真。2023 年 10 月 28 日，“黄修己先生学术研究暨中国现代文学学科建设研讨会”在中大中文系举行。作为统筹人员之一，刘老师从会前的迎宾，到会场的布置，几乎事必躬亲。在他的调度下，会务组各项工作有序开展，会议最终圆满落幕。刘老师的这些言传身教，从多个方面熏陶着何卓航。每当何卓航懈怠时，刘老师那在办公室里认真备课、批阅论文的模样，那在会议场上奔波忙碌、一丝不苟的身影，便会成为鞭策他的动力。

胡老师与刘老师不仅在学业上给予了何卓航莫大的帮助，在生活上也给他带来许多温暖。本科刚入学时，胡老师曾多次提醒他，大学期间要形成好的生活习惯，例如健康饮食、多多锻炼，等等。胡老师对生活细节的关心，让何卓航很是感动；投入刘老师门下之后，刘老师会在和他闲聊时关注他的心理健康。“不要和自己过不去。”“不要气馁。”“从小题目做起也挺好的，积累成就感。”刘老师的这些话语让何卓航学会调整状态，更好地在求学路上攻坚克难。

“路漫漫其修远兮”，无论是学术道路，还是人生道路，何卓航都还有许多需要求索之处。中大中文系的胡传吉老师、刘卫国老师和其他许多老师，都为何卓航树立了榜样。对他而言，他们不仅是经师，更是人师。百年中文，薪火相传。何卓航希望自己能够好好做人、好好做事，不负诸师的教育之恩。

本文写于 2024 年 7 月 6 日

一位印尼学生在中大中文系的成长之旅

个人简介

苏文 男，2001 年 7 月生，印度尼西亚留学生，中山大学中文系汉语言专业 2021 级本科生。曾任 2021 级汉语言专业留学生班长，2022 年第一学期“摄影科学与艺术”课课代表。曾获 2023 年“高教社杯”——大学生用外语讲好中国故事大赛广东省一等奖。曾获“一带一路”奖学金、广东省政府来粤优秀学生奖学金、中山大学优秀学生奖学金三等奖。

一、他的中文之路从儿时开始

苏文自小就受到中华文化的熏染，小学起就努力融入中国学校的学习环境，没有因为惧怕语言难关而选择去国际学校。第一次接触古诗时，他虽看不懂，但唐诗宋词的音韵美、结构美已经深入他的心中。

二、大学里的机会像银河中的繁星，繁多且闪烁

高中毕业后，苏文毫不犹豫选择了中山大学的汉语言专业。这是一个非常正确的选择，因为在这里，有无数个机会在等着他，研学、讲座……都是前所未有的体验。

苏文印象最深刻的讲座是彭教授主讲的“黄州：从苏子瞻到苏东坡”。彭教授围绕苏轼这段经历，引导各位同学对理想与现实之间的关系进行深入思考。

2021 年苏文第一次参加研学活动——“粤美乡村　友我同行”。这次活动通过 5 条各具特色和代表性的乡村脱贫奔小康线路，让中外青年更真切、更深刻地了解了中国的脱贫攻坚工作。在这次研学中，苏文也认识了许多其他高校的留学生和中国同学，这样的机会也是十分宝贵的。

2022 年 8 月，中文系举办“留”连横琴“粤”赏湾区研学活动，苏文走进跨境电商服务企业、生物科技公司、税务服务厅等地，通过采访的形式，了解珠海横琴日新月异的变化，感受粤港澳大湾区的澎湃活力。

2022 年 9 月苏文参加“知行贵州”研学活动，走进贵州，了解贵州水利工程，领悟润泽文化。在这次活动中，他体验到了贵州美丽的山川河流，感受到了独具特色的中国少数民族文化。因态度积极、表现优异，苏文被评为此次研学活动的优秀学员。

2023 年苏文参加粤港澳大湾区孔子学院合作大学联盟沙龙活动，分享了他在中山大学三年来的学习生活，表达了真挚的谢意和对汉语浓厚的学习兴趣，并希望能从中国优秀文化和先进体制机制中汲取智慧，为祖国建设和深化国家间的友谊与合作贡献力量。苏文在活动中的表现深得老师和同学的赞赏。

2023 年苏文还参加了“高教社杯”——大学生用外语讲好中国故事大赛，与团队中其他 4 位中国同学一起，录制《百年骑楼》介绍视频。他承担了摄像、剪辑以及部分文案的工作。该作品最终荣获广东省一等奖。

三、在中大学习的动力

人生每个阶段都充满着挑战。小时候，苏文要克服最基础的语言交流问题。上了大学，学习上的困难也像一座座高山。中山大学是人才聚集的地方，然而同学们都十分谦虚。苏文没有因为其他人优秀的履历而感到自卑，因为同学们都愿意全心全意地帮助他。

在中文系，没有一位同学会被落下，每位教授都十分关注同学们的学习情况，这也是同学们表现优异的原因。来到大四，原本那个懵懵懂懂的少年已然蜕变，苏文希望能好好珍惜下一年的时间，顺顺利利地从中山大学中文系毕业。

本文写于 2024 年 7 月 7 日

从文学出发，去往广阔的世界

个人简介

潘淑娜　女，汉族，2000 年 10 月生，浙江乐清人，中共党员，现为中山大学中文系文艺学方向 2022 级硕士研究生。曾为中山大学中文系研究生会成员，曾任中山大学中文系新闻中心主编，曾获评中山大学优秀共青团员、中山大学研究生会“我为同学做实事”优秀个人等。

一、云程发轫，含章待曜

对于潘淑娜而言，选择中文系的理想萌生于过往文学作品对她的温柔给养。写作是她十余年来难以舍弃的爱好，对生活的感悟和对社会的思考总驱使她拿起笔来创作。“揽九天星斗写千古文章”，这是中文系的品格，亦是她的愿景。自少年时期起，她的文学作品就获得了许多国家级奖项，目前已发表文章十余篇。进入大学后，她仍坚持写作，活跃于校园文学创作的前线，她创作的短篇科幻小说入围第九届全球华语科幻星云奖，辽宁省作家协会主办的期刊《鸭绿江》也为她制作了个人小辑，刊登了她的 3 篇小说及 1 篇创作谈。

在大学校园中，她开阔了视野，拥有了以文学观照现实的愿景，也走出书斋，尝试踏入更广阔的社会生活之中。少年时期那种对于弄风嘲月的浪漫期待逐渐褪去，她也不愿再在悬浮的“空中楼阁”里打转。“中文系”三个字在她的心中，有了更加光荣而美好的意义。愿意耕耘于此的人都是珍贵的，是文化的保护者与发扬者——虽然钻入陈旧的卷帙之中，却不至于暮气沉沉，因为文化是永远焕发着生机的。在这里学习，自然要肩负神圣而严肃的责任，也需要弘毅的知识勇气。从本科到研究生阶段，她时时思考、时时追问的是同一个问题——文学与人、与周遭世界的关系。

二、笔下生花，抒写初心

2022 年 9 月，刚刚来到中文系的潘淑娜便积极报名参与研究生会的工作。事实上，这对她来说并不陌生，从本科时期开始，她一直以新媒体为阵地，助推思想政治教育、凝聚正能量、树立好典型，参与研究生会的工作亦是如此。

后续的一年时间中，她积极投入研究生会发起的“凝聚文心 · 互学共进”中国语言文学系学术发展服务项目中，多次负责项目的宣传与科普工作；项目获得精品服务项目荣誉后，她精心制作了风采展示画册；在逸仙青年文学奖筹备活动中，她撰写宣传新闻稿，并与同学们合作制作物料、拟定评审意见；毕业季，她又为中文系拍摄并剪辑了招生宣传视频……也因这份积极性与责任感，她收获了中山大学研究生会“我为同学做实事”优秀个人称号。

一年期满，她卸下了研究生会的工作。但在新学期开始时，她又在辅导员的鼓励下，竞选了中文系新闻中心的主编岗位，并成功当选。回想在研究生会工作期间，她经常需要撰写稿件，向新闻中心投稿，却没有料到一年后，她竟成了该中心的主编。担任主编后，她便要每日协调系里各类组织、社团的需求，并与技术部、文编部和编辑部的副主编及负责人通力合作，完成中文系大大小小的宣传任务，传递校园资讯、记录活动风采、采访优秀学子。作为新闻中心唯一的研究生，她在忙碌的本科同学们身上，恍惚看到了过去的自己对宣传工作的无限热情，也衷心地感谢他们的支持与付出。

三、微光成炬，点亮征程

除此之外，她总是抱着美好的愿景，投身广阔的社会生活之中。本科期间，她便参与了许多志愿和实践活动，例如整理校友口述资料、参与 CPR（心肺复苏术）培训等。进入研究生阶段后，她又延续了心中对志愿服务的火焰，参与“声·援”公益活动，为盲童录制有声书，与同学们一起用声音传递对孩子们的关爱，带领他们走出无尽的黑暗，以听觉感受这个精彩的世界。日复一日，她的志愿时长已累计百余小时。

怀着对文学的信仰，她行走在中国大地的阡陌纵横中。她曾与同学们一起赴甘肃省进行皮影戏文化传承的调研。精彩的皮影表演不仅带给了她曼妙的视听享受，更给予了她一份特殊的、文学性的感动。对当地老艺人的采访，以及基于此撰写的传记和新闻稿件，都使她深切感受到为传统文化传承与发展做出微小贡献的自豪与满足。

此外，她长期运营着一个以关爱老年人为核心理念的互联网网站，网站注册成员超过 3 万，其影响力广泛，曾引起中国青年报、36 氪、新京报等媒体的关注和报道。在小组建立初期，她提出的口号是“为了每个人生命中终将来临的那场落日”。那时候，她希望通过这种方式为世界带来一些改变，即使是微不足道的改变。如今，她提出的口号日渐深入人心，也协同小组成员们参与天猫与中国老龄事业发展基金会发起的“一页纸计划”，倡议商家将说明书内容化繁为简，将产品的重点功能用长辈们看得懂的语言进行简述，最大限度降低长辈们学习、运用新产品的门槛，实现真正的适老化。

四、结语

“铁肩担道义，妙手著文章”，是无数中文人熟稔于心的宣言，也早已融入了潘淑娜的心，成为她十余年来孜孜求学的信念。青春作赋、皓首穷经固然美好，但埋头在故纸堆中时，若能听见窗外风雪的声音，将文章写在中国大地上，想必也是一桩幸福的事。

本文写于 2024 年 7 月 4 日

在工作中展现青年担当

个人简介

王彦柠 女，汉族，2003 年 1 月生，山东烟台人，共青团员，中山大学中文系汉语言文学专业 2021 级本科生。大学期间，先后担任班级团支部组织委员、系团委组织部干事、系团委本科生部负责人。2021—2022 年度获中山大学优秀学生奖学金，2022—2023 年度在班委评议及系团委组织部任职评议中获评“优秀”，2023—2024 年度在“五四评优”中获评中山大学优秀共青团员。2024 年 1—3 月实习于南方都市报社，参与《〈从十香园到春睡画院〉出版，揭秘广东中国画教育的现代转型》等二十余篇专题栏目稿及新闻稿采编工作，均发布于南方都市报 App 下“南都文化”板块，其中，参与采写的《粤剧春班：万人空巷拉满广府年味》刊登于南方都市报的《人文周刊》。

王彦柠在系团委任职的过程中，认真学习工作知识、兢兢业业。她主要负责对接团委组织部、统筹落实团务工作。在基础团务方面，工作内容广泛，包括每周的青年大学习、定期举办的主题团日活动及教育实践、团组织关系转接、团内数据统计、团员教育评议与年度团籍注册、对标定级、各种活动的通知与材料收集等，工作细碎繁杂，但她都安排得井井有条。

她统筹负责过较大型的团务活动，“一支部一品牌”建设、团务知识学习汇报会、团委工作例会等。从场地申请到活动流程设计，每一次有序进行的活动的背后都是她反复确认、认真安排好每一个细节的身影。任务多的时候，她甚至半夜都在编辑文档，第二天又早起安排各项事宜，整天泡在图书馆或自习室更是常态。但她并不觉得辛苦，每次回头看一个个活动的成果的时候，她都觉得一切付出都特别值得。

在系团委任职期间，她几乎 24 小时待命，随时准备回应各方人员的需求和疑问。她有时候面对的是已毕业但是由于各种问题转接团组织关系困难的学长学姐，有时候是对工作细节不清楚、实施有疑问，或者需要核对结果的组织部干事、各支部团支书。而每次碰到团组织关系转接或者举办比较大型的活动时，她在微信群里经常被好多人提问，也会收到很多人的私聊消息。只要她有一会儿没看微信，再打开就是一串未读消息的红点。而以上的对接与答疑，往往都是不定时的，有时候恰好在她忙碌的时候或是休息时刻。但她始终把团委的工作放在第一位，总会在看到消息后的第一时间不厌其烦地一条条给予回复，热情帮助对方解决遇到的各种问题。

她也会为每项工作做好“兜底”准备。安排好人员后，她会持续关注并跟进进度。担心工作人员记不得时间，她就在各个相关时间点定闹钟去提醒；工作人员不清楚工作要领，她就耐心给予指导建议，或者找一些优秀范例供其了解、学习；工作结果不够完善或者出了差错，她就帮忙完善或补救；某个工作临时有变故，她也会高效率解决风险、做好新的应对方案，把自己当作可以随时搬去补漏洞的“砖”。

“在其位，谋其职，尽其责。”她坚信，既然做了，就要做好。作为系团委的一员，她始终对自己的工作负责，也对同学们负责。也正是在精心完成各项任务、认真安排各项活动的过程中，她从一个新人变成了可以在团干培训会上介绍工作事宜、答疑解惑的“前辈”——她认真梳理所有任务，用清晰易懂的 PPT 向团干们逐一介绍、讲解，帮助大家厘清工作原则、工作内容与工作要领，提升团干们的工作素质，推进高质量团支部、团总支建设。

而在她任职中文系团委本科生部负责人的那一年中，在与大家的共同努力下，系团委获评“中山大学五四红旗团委（总支）”的称号，多位团员获得学校五四表彰。

这些荣誉实在来之不易。团员们的评选材料，她和其他几位负责人一个个核审、把关，有细节问题不达标的就一个个地去联系，让他们重新修改，她和其他负责人再重新核审。团总支的评选材料，大家更是花了很大心力去整理、撰写。她还记得，整理材料的那几天，她和其他几位负责人都忙得不可开交。老师在会议室给予大家指导，确认细节与分工。会后，有人留在会议室边吃饭边工作，甚至有人整理材料到半夜。而接下来的几天，大家也都忙着评选材料的搜集、整理、初审、总结工作，终于在最后时刻完成了评选材料的编写。当然，除了这几天的努力，荣誉的获得更离不开过去一年中实打实的工作成果——那些在老师们的指导下，大家日复一日抓实抓牢的数据、认真举办的丰富多彩的活动、一次又一次的工作会议……丰满的评选材料正是由这样一个个认真负责的工作时刻堆叠起来的。

恰同学少年，风华正茂。新时代新征程上，她积极践行习近平总书记关于青年工作的重要思想指引，奋发图强，实干实为，善作善成。她尽职尽责，在谱写中文人薪火相传、生生不息的华彩乐章的大路上留下了自己的身影；她始终抱有爱校、荣校、兴校情怀，为百年中大献礼；她亦自信自强、刚健有为，展现新时代新青年的昂扬风采，为实现中华民族伟大复兴贡献青春力量。

本文写于 2024 年 7 月 11 日

为社会福，为邦家光

个人简介

郭昆仑　男，汉族，2002年10月生，广东清远人，共青团员，中山大学中文系汉语言文学（拔尖计划2.0）专业2021级本科生。现任所在班的班长、校学生代表大会常任代表；曾任系团委实践部负责人、通讯员（军训期间）等职务。曾主办“循道有径”保研分享会等多场校级、系级学生活动，累计志愿时长达267小时；主持或参与国家级大创、拔尖学生科研重点项目若干；曾获中山大学优秀学生奖学金一等奖、二等奖，并获评中山大学优秀共青团员等。

2021 年 9 月，满载新生的接驳巴士从深圳校区驶入康乐园。望着窗外斑驳树影的郭昆仑虽不乏对新生活的激情与憧憬，但也被笼罩在未知的迷茫与焦虑中。彼时郭昆仑并未正式被中文系录取，而需经过一年的人文专业综合学习，待大一结束后再根据学业成绩选择就读的专业。作为一个自中学时期起就笃定以文学为梦的青年，郭昆仑在进入大学后所面临的第一个重大人生问题是：他究竟想要过怎样的大学生活，又应当如何开启这段为期四年的旅程，才不至于在往后的日子里"自感辜负"？

康乐园中轴线上，怀士堂南侧的草坪前立有"博学，审问，慎思，明辨，笃行"数语，是孙中山先生撷《礼记·中庸》中的章句为国立广东大学（即中山大学前身）题写的校训。孙中山先生将培养知行合一的新青年作为为国育才的目标，这为步入大学的郭昆仑指明了前进的方向。面对愈发紧张的学习压力，郭昆仑并没有陷入"优绩主义"的陷阱中，而是将跨学科的专业课程视作不可多得的良机。各门专业课的课堂上，经常可以在第一排看见郭昆仑的身影。不论是从老庄孔孟到古希腊诸先贤的深邃思想，还是绝地天通以来的深厚历史传统，抑或是屈原与卡夫卡的跨时空对话，无不令他沉醉。对知识的渴求驱使着郭昆仑朝博识而独立的精神理想靠拢，这也为他奠定了扎实的人文专业基础与宽广的人文学科视野。

学生工作与社会实践作为良好的大学生活所不可或缺的方面，郭昆仑积极投身其中，在服务同学与社会的过程中践行人生的期许。自军训起，郭昆仑就担任了通讯员的角色，忠实地记录着同学们在朝夕共处中的珍贵点滴。正式入学后，郭昆仑进入系团委学术与职业发展部（下简称"学职部"）任职，不仅多次参与组织、筹划保研分享会，还主办了大类专业分流介绍会、"思行"定向越野等多元的学生活动。此外，作为班级的心理委员，郭昆仑还积极参与班级事务，并多次在校级、系级文艺演出上表演节目。郭昆仑在中山大学 2022 年寒招中担任队长向高中母校做宣传，积极向母校学子宣传中山大学，并被评选为"优秀志愿者"。郭昆仑还凭借着丰富的学生工作与社会实践履历荣获"团委学生会工作积极分子"称号。通过大一一年的探索，郭昆仑不仅在知识储备、思维水平与精神境界等方面获得了长足的提升，还在服务他人的集体实践中寻得了自洽的生活节奏：拒绝停留在画地为牢的"舒适圈"，不自设求知的限度，不放弃对生活的严肃思考，不停止走向集体与社会的脚步，以达到知行合一的境界。

大一结束后，郭昆仑分流进入中文系汉语言文学专业就读。面对着广度收缩而深度加大的专业领域知识与尚未熟悉的生活环境，郭昆仑仍然坚持以知行合一的实践手段应对各个方面出现的新挑战。郭昆仑不仅认真对待专业课程并乐在其中，还善于通过模仿、创新的方式来锻炼自己的研究性思维。郭昆仑非常注重磨砺自身的学术研究与交流水平，在导师的指导下开展科创训练，并积极参加与本学科相关的高规格学术活动。两年多来，郭昆仑顺利实现了从“热爱”到“专业”的跨越，在不忘初心的同时迎接更高难度的挑战。

在服务集体方面，郭昆仑的行动同样切实有力。结合大一的实践经验，郭昆仑认为，处于社会关系中的人，只有心系他人和集体才能实现自身的意义。因此，他以饱满的热情投入新的社会实践与学生服务活动。

大二开始前，郭昆仑担任临时班委，主动管理班级事务，为同学们解决院系交接等相关问题。郭昆仑还积极参与筹划系团委学生会主办的学长团活动，为中文系大一新生入学做了充分的准备工作。大二伊始，郭昆仑经同学推选担任班长一职，并被选拔为中文系团委实践部负责人。在中文系团委第六次代表大会上，郭昆仑负责准备会议材料、引导会议进程等重要工作；在次年春举办的中文系年度团委大会上，郭昆仑带领实践部全体成员规划、统筹并执行各项会议程序，保障了大会的圆满举行。此外，郭昆仑还参与策划、组织并协调 2023 年中文系“五月花海”系列品牌活动，他指导举办的“境界·观影汇”游园观影活动服务同学超 800 人次。与此同时，郭昆仑还作为系团委工作人员协助主持本科生劳动教育工作，并志愿协助系团委学生会开展了多场实践活动。

作为 2021 级本科班长，郭昆仑立足于广大同学的生活实际，致力于在日常生活中为同学们排忧解难。郭昆仑为所在班级设立了班委对接制度，以便于最大程度地发挥班委的服务功能，同时探索高效的班级管理模式。郭昆仑积极推进中文系党团班一体化建设，曾作为主办者，联合系本科生党支部及 2020 级、2021 级本科生团支部举办“循道有径”保研分享会。郭昆仑每学期组织多次班会，邀请班主任与同学们沟通交流，就升学、就业等同学们关心的事项提供力所能及的支持。郭昆仑认真负责的工作态度获得了同学们的广泛认可。

除担任学生职务外，郭昆仑还秉持“服务他人，完善自我”的人格发展理念，致力于在生活中践行个人的社会价值。他曾参与中文系“情系凤庆，文以铸梦”义教活动，让云南边区的孩子们感受文学的魅力。郭昆仑曾作为中文系代表团团长率团参加中山大学第五十次学生代表大会，并被推选为大会常任代表，主动充当“传声筒”，向校级学生组织反映中文系广大同学的诉求。2024 年 6 月，郭昆仑获评“中山大学优秀共青团员”。“博学，审问，慎思，明辨，笃行”的十字校训不仅是郭昆仑的生活准则，更构成了他与集体共同成长、与时代同频共振的精神底色。

1924 年 6 月，孙中山先生派代表在国立广东大学组建学校毕业典礼上致训词，其中“为社会福，为邦家光”一句成为历代中大学子所共同传颂的办校精神。百年后的今天，当郭昆仑谈及他从中山大学的三年求学经历中收获的人生感悟时，他给出的答案是“可能”。中山大学赋予了每个学子无限丰富的人生可能性，郭昆仑坚定地认为：任何有心人都可以在这里将心中的蓝图变为现实。中文系不仅是一片求学问道的沃土，而且能通过浸润灵魂的人文精神赋予每一个中文学子成就梦想的底气与勇气。但与此同时，郭昆仑也强调，人生的可能性都只有在他人与集体构成的坐标中才得以成立。没有人能够成为一座孤岛，每一颗与我们同声共气的心灵才是构成人生意义的全部要素。只有在“为社会福，为邦家光”的生活理想中，我们才得以实现人生的种种可能。最后，郭昆仑以一个中文人的现实关怀作结：是否当我们以整体的“人”而非孤立的“我”的眼光来审视“本该如此”的人生时，才得以更加从容地应对那个苏格拉底式的问题——“人究竟应当过怎样的生活？”

本文写于 2024 年 7 月 17 日

在中文系的探索与收获之旅

个人简介

何嘉雨 女，汉族，2004年9月生，广东河源人，共青团员，中山大学中文系汉语言文学专业2021级本科生。曾担任中文系团委青年发展部干事、第二负责人。曾获中山大学优秀学生奖学金三等奖、“优秀读书报告”奖项。多次参加“文化阅读”“书香羊城”等社会志愿活动。

岁月如潮，百年峥嵘。躬逢中山大学百年校庆与中文系百年系庆，何嘉雨从2024年伊始，内心便升腾着强烈的期待与自豪感。借着此次征稿的契机，她忆起在中文系的点滴，并希望在中文系“百年诞辰”中献上自己对中文系由衷的感谢。

大学生活匆匆而过，已三年矣。由于是通过大类招生进入中山大学中文系，她认为自己与中文系的缘分是短暂又复杂的。她想起在大一还未进入中文系时，内心是如此的向往。大二进入中文系之后，在期待与兴奋的同时，也迎来了中文系“硬核”的考验——两年的课程与作业，压缩至一年完成。于是首先需要在大二上学期完成“百篇”写作与古诗词背诵的任务，在大二下学期时完成读书报告的写作与古文的背诵、考试。除此之外还有满满的必修课、选修课、课程作业……毋庸置疑，这将是她大学生活中任务最艰巨、最繁忙的一年。然而，在何嘉雨看来，“百篇”写作的任务是为了帮助同学们扩大阅读量，促进同学们对阅读的思考与对生活的探索，并培养同学们的表达与书写能力。而古诗词与文章的背诵，更是积累学养的必经之路。这些举措是中山大学中文系延续多年的传统，都是为了帮助同学们成为优秀的“文学生”。因此，尽管繁忙，但她保持着规律的阅读与写作习惯，在压力中也并未抱怨许多，并提前完成了任务。回忆起那段苦中作乐的日子，她认为那是一段快乐的时光。从心无旁骛地阅读、自由地表达，再到看着自己用心生产出了一沓厚厚的“作品集”，那种深深的满足感和自豪感便从心底涌出。这也为她的读书报告与论文写作奠定了良好的基础。大二下学期需要撰写对学理性要求较高的读书报告，她所提交的报告被评为“优秀读书报告”。同时，相关课程论文的撰写也获得了老师的认可与鼓励。这种通过自己的努力得到的正反馈，像是被阳光照耀着，温暖而快乐。她的努力终于得到了回报，正是这些肯定激励着她，引导着她在压力下也要认真对待每一份写作任务，精心打磨每一篇文章。大二学年结束后，她发现自己在论文课程中的表现通常比在考试科目中的表现突出，但在文章上花费了大量时间，导致绩点平平——这将会使她错失保研的资格。在这时，她对自己产生了怀疑——是否将重点“错置”了？论文所占的成绩比例并没有那么高，但她在文章上所花费的时间与精力远比课程学习多得多。她一度感到迷茫。而经过与老师、前辈们的探讨和交流，她慢慢开始去思考自己想要什么、如何去面对失与得等问题。人的精力固然是有限的，不能因为此处有“失”，就忘记了他处的“得”。她想，倘若做不到面面俱到，但求问心无愧似乎也不错。这反而使她体会到了更多学习本身带来的“获得感”，得到了更多被“启示”的瞬间，而这些都是她在中文系获得的精神财富。因此，她对中文系复杂的感情大概就来自这里——在充满了挑战的日子里，在每个看似平凡的沉淀下，在攀登中克服自己的局限后，终能迎来一次正反馈。

而快乐又来自哪里呢？这就不得不提到她与青年发展部的故事。她从刚进入中文系开始，就报名加入了系团委的青年发展部，成为青年发展部的一名干事。她在中文系的两年，也是她与青年发展部相遇、相伴的两年。青年发展部是一个温暖有爱的部门，在刚进入中文系的那一年，在这里，她遇到了悉心教导她的前辈。部门团建时，大家聚在一起，忘掉工作的压力，分享许多有趣的故事，玩一些愉快的小游戏，并相互交流在课程、大学生活等方面的困惑。这里的伙伴们温暖善良，相互合作、相互支持是他们的相处方式。她第一次体会到了团队协作的力量。她认为，青年发展部是一个让人拥有不害怕犯错的勇气的地方，因为她知道有前辈的指导、有伙伴的支持与扶助，她能够大胆尝试，从前那个惯于沉默的自己，也能够勇敢地说出自己的想法。比起参加活动，她更享受将一个活动从无到有地举办起来的过程。从只有方向和主题，没有想法，到头脑风暴，集思广益，交流指导，再到仔细规划，按部就班，细致落实……每一次策划活动她都会在一段时间里不停地忙碌，从策划阶段就开始忐忑不安，只有到圆满完成的那一刻，这种不安感才会画上句号，随后便能够与小伙伴们一同庆祝，相互犒劳对方的辛苦，再放心大睡。就这样，一次小小的“成就”又达成了。在这两年里，不论是全程参与一个活动，还是作为部门的一颗“螺丝钉”仅负责一小部分，都是经验的积累和体验的丰富。

最令她感到满足的是部门举办的“学长团”活动以及“五月花海”中的“校友徒步”活动。正是因为“学长团”活动，刚入学的新生才体会到了中文系的温暖与人文关怀，使得那一年报名参加青年发展部的新生人数激增。问及原因，大家都对“学长团”活动有着一致的认可：“因为这个活动很令人开心，自己得到了许多帮助，希望也有机会去帮助别人！”那一刻，工作的意义似乎具象化了——个人与团体微小的善意，也能在这个世界上激起层层涟漪，从而传递善意，播撒希望。在“五月花海”中的“校友徒步”活动中，她是校外活动区域的志愿者，早上七点半到达校园里的中文堂，八点半左右到达校外的志愿点位，那天早晨微风不燥，但阳光渐盛，她在烈日下站了三个多小时，直到中午十二点结束才返校。其间，她耐心地引导着参与者，向大家解释规则，为大家拍下有纪念意义的照片……在活动中，她遇到了不少热情的校友，看着大家的笑脸，疲惫也似乎逐渐被微风吹散。

何嘉雨对中文系充满了感激。她认为中文系是一个充满英才的平台，在这里她得以与许多优秀的人相遇、交流，交到志同道合的朋友；中文系同样是一个广阔而自由的平台，它给了何嘉雨许许多多的机会去探索大学生活的各个方面，若“人生的意义在于经历”，来到中文系则使她的人生意义更加丰满。

本文写于 2024 年 7 月 19 日

一路探索，慢慢到达

个人简介

张聂 女，汉族，2000年2月生，广东云浮人，中共党员，中山大学中文系汉语言文学专业2019级本科生、民俗学专业2023级硕士研究生。本科时从中山大学信息管理学院转至中文系，同时辅修日语。现担任本专业2023级学术型硕士班学习委员、中文系本科生党支部宣传委员。就读期间多次获得中山大学优秀学生奖学金三等奖、研究生一等奖助金；本科毕业论文获院级优秀毕业论文。

一、中文系是心之所向

张枀在中学时期，便被一本名为《中国民俗文化》的补充课本深深吸引。她发现，张爱玲、钱锺书、莫言等著名小说家的作品，其实可以从民俗学的独特视角进行深入的阐释。这种新颖的视角让她感到十分兴奋和着迷，也让她对民俗学产生了浓厚的兴趣。在这份兴趣的驱使下，张枀一直在关注民俗学的动态，希望将来能够进一步深入学习和研究民俗学。中山大学中文系民俗学专业，自然成为她前进道路上的明确目标和锚点。

虽然高考之后被中山大学信息管理学院录取，但是张枀秉承“既来之则安之”的心态，认真学习专业课，最终通过了转专业考试。

初到中文系，张枀有幸遇到了黄仕忠老师作为她的“百篇”导师。黄老师经常与她长谈，一谈就是几个小时，从为人处世到学习方法，无所不谈，这使张枀对中文系的感性认识就是温厚而渊博，如同老师的教诲一样。

黄老师曾说：“学习一个领域，就像在一片高尔夫球场中找球，最快的办法就是把这一整片地形都走一遍。”有了文献学意识后，张枀开始了在中文系的学习和创作。在撰写严羽《沧浪诗话》的读书报告过程中，她大量阅读，狠下苦功，最终该项作业获评优秀读书报告，老师和同学们都很认可，这激励了她往更深处钻研。

二、学习是并肩探索

在中文系读本科的日子里，张枀最难忘的就是与朋友们一起探索学习的经历。她本科的六个室友分别来自五个不同的专业，这种多样性让大家能够互相分享不同领域的信息，彼此激励去探索新的可能性。张枀选择了辅修日语，她的室友也去辅修英语、数学。辅修的课业繁重，本专业课程内容也不少，主修和辅修课业几乎填满了每一天。最繁忙的一个期末周，她要同时准备日语口语、英文面试和中文系考试。但是这种充实又给人以满满的成就感，尤其是用一门新学的语言做报告、交谈，似乎让人拥有了打开新世界大门的一把钥匙。

张枀认为，中山大学的迷人之处，在于它为学子提供了多种多样的选择，只要你愿意探索，总能徜徉在无限的可能性中。在本科阶段，张枀还会坚持去哲学系的古琴班上课，常常在午休时间到琴室“磨曲子”；她也参加了学校组织的荧光夜跑活动，这让她逐渐养成了每天跑五公里的习惯；和研究生的师兄师姐共同参与“田野调查”这门课的经历，让她对民俗学的研究方法有了更为深入的了解，为她后来参与的大学生创新创业训练计划项目——“广东民间故事中的梁储形象建构”提供了宝贵的经验和灵感。

张羃称，能鼓起勇气参加各种活动，离不开朋友们的支持。面对各种报告作业和考试，宿舍的朋友们会一起做计划、互相给灵感。尽管大家拥有不同的学科背景，但正是这种多样性让她们能够从彼此身上学到很多，也总能给对方带来新的启迪和思路。张羃坦言，起初她并不清楚大学学习需要付出多大的努力，但在朋友们的帮助下，她逐渐明白了每节课积极整理资料、课后马上总结复习的重要性。她们之间还形成了互相补充笔记的好习惯，到了复习周时，甚至会计划到每日、每小时，确保充分复习每个知识点。有趣的是，她们还会在宿舍里组织模拟答辩，提前为可能的学术展示做准备。她们的感情在这样的历练里日益深挚。大一时成绩平平的张羃，在大二时便发现自己的成绩已经能够排到班级前五。这一进步不仅是对她个人努力的肯定，也是她与朋友们共同奋斗、互相支持的结果。

到了写毕业论文的关卡时，张羃起初毫无头绪，于是她决定广泛地阅读方志，希望能在梳理材料中获得灵感。她关注到广州曾经有“游龙”的记载，结合各方志的材料，在龙舟上表演木偶戏的来龙去脉逐渐清晰。后来，张羃的毕业论文获评院级优秀毕业论文，投稿至2023年中国温州（瓯海）龙舟文化大会后集刊出版。

保研至本校民俗学专业之后，张羃回望自己的求学之路，虽然经历了一些曲折，但想做的事情一件一件都慢慢达成了。那本《中国民俗文化》陪着张羃从高中宿舍搬到本科宿舍，现又来到了研究生宿舍，已然变得有点“脆”了。她笑言，读书时会遇到种种困难，但一想到是心心念念的中文系民俗学，苦累也会变成幸福。

三、助人是学以致用

在高中时，张羃便有去支教的想法。得益于系里组织的帮扶活动，她通过面试成了“云上”支教老师。直至备课时，她才发现四十五分钟课程的容量超出想象。在一遍遍地排练后，她把民俗学的内容穿插到语文素质拓展中去。张羃称，虽然线下未能和孩子们见面，但是吃一碗学校饭堂的云南凤庆窗口的米线，仿佛就到了云南。

“我能做什么？还能为别人做什么？”这是张羃作为一名党员经常自问的问题。在大四时，由于本科生党支部的高年级党员毕业，她选择承接支委的工作。组织生活会、开展学习、核查档案、帮扶新生……作为支委要做的事情很多，她总是希望尽可能地帮助到别人。

在研究生阶段，张槑代领本科生党支部组织了升学经验分享会，活动在同学们的帮助下顺利开展，并得到了不错的反响。素日里，只要有人问关于辅修、转专业、保研等方面的问题，她都是知无不言，言无不尽。

民俗学应该是守望本乡本土、给大家带来福祉的学问，这也是张槑的信念所在。她感觉投身喜欢的学科是幸福的事，虽然来时路有些曲折，但总算没有辜负一路的风景。她认为求学之路就像朱光潜在《谈美》中说的那样："慢慢走，欣赏啊！"她缓慢又执着地走在自己选择的路上，希望能像中山大学的各位前辈那样，成为一位知行合一的学者。

本文写于 2024 年 8 月 27 日

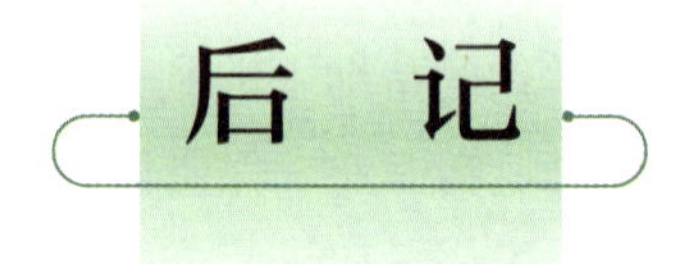

后记

百年中文，赓续华章。这一百年，是中文人不断探索、不懈奋斗的一百年，也是中文学科不断发展壮大、成就辉煌的一百年。作为中文学科的摇篮之一，中山大学中文系培育了无数优秀的人才。他们或在学术领域深耕不懈，或在文化传承中默默奉献，或在社会服务中发光发热。每一位中文人，都是这百年华章的书写者，都是这薪火相传的火炬手。

《正青春》是对部分优秀中文学子事迹的一次集中展示，书中的五十篇文章记录了不同年级、不同专业的优秀学子在读书、工作、文体等方面的探索与成果，他们的故事是百年中文青春光彩的最好诠释。每一篇文章，都是一个鲜活的案例，都是一份宝贵的经验，都是一股激励后来者的力量。

青春，是中文人最宝贵的财富。在《正青春》一书中，我们看到了中文学子的青春风采，他们昂扬向上，充满活力。他们不仅仅是学习的佼佼者，更是实践的先锋，是创新的探索者。在这些故事中，我们看到有的中文学子在学术研究上执着追求，他们在图书馆的灯光下，孜孜不倦地探索知识的海洋；有的中文学子在社会实践中勇于担当，他们积极投身于社会服务，用自己的行动践行着社会责任；有的中文学子在文体活动中活力四射，他们在各种舞台上尽情展现自己，用艺术点亮生活。

我们希望《正青春》这本书，能更好地发挥朋辈榜样的示范引领作用。让这些故事成为每一位中文学子心中的灯塔，照亮他们前行的道路，激发更多的学子不负韶华、勇于担当。希望每一位中文学子都能够在这些朋辈榜样的故事中找到共鸣和动力，在青春的征程上创造更为辉煌的成绩。

站在新的历史起点上，中山大学中文系将继续坚持立德树人的根本任务，继续培养更多优秀的中文人才。我们相信，每一位中文学子都能够以青春之我，创造青春之未来。我们相信，已走过百年的中文系必将能够继续发展壮大，中文人的精神一定能够代代传承。

《正青春》一书的编撰，是向中山大学中文系百年华诞的献礼，也是中文学子青春风采的赞歌。在新的征程上，中山大学中文系将继续以青春的姿态，书写更加动人的篇章！

谢金华

2024 年 10 月 12 日